HERRENHÄUSER
IN DER
EISENWURZEN

BERTL SONNLEITNER

HERRENHÄUSER IN DER EISENWURZEN

KULTURELLES ERBE EINER REGION

LANDESVERLAG

Der Schutzumschlag zeigt vorne das
Herrenhaus Mosser in Randegg, Niederösterreich
Rückseite: Kassettendecke (Detail)
in der Bibliothek des Töpperschlosses in Neubruck bei Scheibbs,
Niederösterreich

Bild auf Seite 1:
Kassettendecke (Detail) aus dem 16. Jahrhundert
im Haus Kremayr in Ybbsitz, Niederösterreich

Die Deutsche Bibliothek – CIP-Einheitsaufnahme
Sonnleitner, Bertl:
Herrenhäuser in der Eisenwurzen : kulturelles Erbe einer Region / Bertl Sonnleitner.
St. Pölten ; Wien ; Linz : Landesverl., 2001
ISBN 3-85214-760-3
0101 deutsche buecherei

Landesverlag im NP BUCHVERLAG
St. Pölten – Wien – Linz

www.np-buch.at
verlag@np-buch.at

Photographie:
Bertl Sonnleitner, Ybbsitz

Alle Aufnahmen mit LEICA M 3; ELMARIT-M 1:2,8/21 mm,
SUMMICRON 1:2/35/50/90 mm

Einbandgestaltung und Layout:
Hofmann und Kraner, Wien

Gesamtherstellung:
Niederösterreichisches Pressehaus Druck- und Verlagsgesellschaft mbH
A-3100 St. Pölten, Gutenbergstraße 12

ISBN 3-85214-760-3

INHALT

VORWORT

Am Beginn meiner Reise stand der Walcherberg, die Beschäftigung mit der Familie, dem Bauernhof, der kleinen Welt. Dann, einige Jahre später, war es die nächstgrößere, die mich interessierte – das zwischen dem Sonntagberg und dem Ötscher gelegene „andere" Mostviertel, seine Menschen, Landschaften und Bräuche: die Gegend um Waidhofen an der Ybbs und Scheibbs. Was noch fehlte, war das über die Landesgrenzen hinausreichende Gebiet – im Westen bis an die Ufer der Krems, von den Hügeln des oberösterreichisch-niederösterreichischen Alpenvorlandes im Norden bis zu den Eisenerzer Bergen im Süden und der Großen Erlauf im Osten. Freilich auch wissend, mich durch die Fülle des Gebotenen beschränken zu müssen, etwa auf hier Typisches in der Kunst, in der Kultur.

Viele der im ganzen Land verstreut liegenden Klöster, Burgen und Schlösser traten erst in jüngster Zeit durch Restaurierungen oder Ausstellungen wieder ins Rampenlicht. Von ihnen existieren Bücher, Bildbände, aber auch in Kirchen findet sich Entsprechendes. Was lag daher näher, als sich den schlichteren Formen – den Häusern – zuzuwenden. Jenen bereits durch ihr Äußeres als ehemalige Stätten herrschaftlichen Lebens ausgewiesenen Objekten, die genauso zum prägenden Bestandteil dieser Region geworden sind. Den barocken oder biedermeierlich geschmückten Gebäuden ebenso wie jenen, hinter deren schlichten Fassaden ich von Dingen wußte, die es zu dokumentieren galt.

Präsentieren sich letztere in dem vorliegenden Werk ausschließlich in ihrer heutigen Form, so erzählen die Geschichten sowohl von früheren als auch von derzeitigen Bewohnern, führen durch Räume oder geben auf andere Weise ihr Umfeld wieder. Jeweils angeschlossene Kurzchroniken bieten weitere Details sowie Einblicke in vergangenes und gegenwärtiges Eigentum. Schließlich ist es die aufgelistete Literatur, welche Auskunft über verwendetes und zusätzliches Quellenmaterial liefert.

Möge sich aus alldem jenes Ganze ergeben, das zu vermitteln ich stets vor Augen hatte. Nämlich ein Stück Land zu zeigen, das in seiner Vielfalt seinesgleichen sucht – die Eisenwurzen.

Ybbsitz, im Herbst 2001 Bertl Sonnleitner

STIXENLEHEN
UND DIE GEWERKENFAMILIE HUMMEL
IN GÖSTLING

Als man Ende der fünfziger Jahre in Göstling an der Ybbs anläßlich der ins Auge gefaßten Markterhebung auf der Suche nach einem geeigneten Gemeindewappen war, entschloß man sich für jenes der Familie Hummel. Womit nicht nur eine für den Ort bedeutende Epoche gewürdigt wurde, sondern darüber hinaus ein Berufsstand, der durch Jahrhunderte das wirtschaftliche und soziale Leben des Tales geprägt hatte.

Es war wie überall in dieser Gegend jener des eisenverarbeitenden Gewerbes, freilich hier im oberen Ybbstal, in Lunz, in Göstling und in Hollenstein, in einer ganz besonderen Art. Das vom Erzberg kommende Rohmaterial mußte nämlich, weil es für die Weiterverarbeitung noch nicht geeignet war, erst schmiedbar gemacht werden. Das geschah, indem man es unter Sauerstoffzufuhr abermals schmolz, also den überschüssigen Kohlenstoff verbrannte, und den verbliebenen Eisenklumpen unter dem Hammer zu Stangen formte. Früher noch in der Steiermark selbst bewerkstelligt, dann im 16. Jahrhundert wegen des hohen Brennstoffverbrauches hierherverlagert, entstanden auf diese Weise dreizehn sogenannte Zerrennhämmer, deren Besitzer einen Wohlstand erreichten, der am Aussehen ihrer Häuser, an deren Architektur und Ausstattung, heute noch abzulesen ist.

„Der Name Hummel ist in unserer Gegend fast verschwunden. Nur in Ybbsitz gibt es ihn noch.“ So äußerte sich Wolfgang Staudinger mir gegenüber, als ich mich eines Tages nach dieser einst so angesehenen Familie erkundigte. Tatsächlich war, als 1780 ein Wilhelm Hummel in Ybbsitz den Betrieb einer Lebzelterei und Wachszieherei übernahm, dieser Name auch dort aufgetaucht und spielte in den folgenden sechs Generationen im Geschäftsleben des Ortes eine große Rolle. Auch auswärts kannte man ihn. Er stand für duftendes Backwerk, Lebkuchen, Honigmet auf Jahrmärkten, Wachskerzen vor der Wallfahrtskirche auf dem Sonntagberg sowie in Mariazell und schließlich für jene Kinderträume, die mir selbst noch in Erinnerung sind. Kein Wunder, daß man, als es 1980 ein Firmenjubiläum zu feiern galt, stolz auf seine Wurzeln verwies. Diesmal in die umgekehrte Richtung, ins Gebirge hinein – nach Lunz und Göstling.

Dr. Dominik Hummel, der für die Familiengeschichte Zuständige, wußte viel davon. Peinlich genau hatte er sie verfolgt, war in Archiven und Pfarrämtern vorstellig geworden, hatte Stammbäume gezeichnet und sich so jene Kenntnisse angeeignet, derentwegen ich ihn oft besuchte. Wir saßen dann unter einem der beiden mächtigen Kastanienbäume im Gastgarten seines Elternhauses, versetzten uns in vergangene Zeiten und diskutierten. Ob etwa jene in Elisabeth Kraus-Kasseggs Roman „Die Herren von Amon und ihre Frauen" eine so bedeutende Rolle spielende Hammerfrau Maria Theresia Hummel und deren Tochter Elisabeth auch im wirklichen Leben so gewesen waren? Ob das – weil der Letzteren Liebe zum jungen Amon unerfüllt blieb und sie nicht mehr zu ihm hinübersehen wollte – mit dem zugemauerten Fenster stimmte? Gegenstand unserer Gespräche war auch die Beziehung der Hummel zu Lunz, wo sie von 1680–1813 ein stattliches Haus besaßen. Ebenso, daß besagte Elisabeth nach ihrem Tod sechsundzwanzig dort beheimateten Familien ihren Wald vermacht haben soll. Er wußte auch, daß es jener Waidhofener Stadtrichter Michael Hummel war, der 1665 bereits die Lilie in seinem jetzt offiziell den Göstlingern gehörenden Wappen führte, und wie sie alle verwandt waren. Mit den Scheib im Ort, den Praunseis aus Hof und den Staudinger in der Mendling. Daß deren drei – Michael Josef von 1730–1740, Carl Engelbert von 1762–1797 und Seraphin Max von 1797–1803 – allesamt Amtmänner und Beamte der Herrschaft Freising waren. Wie sie gegen das von den Händlern bezüglich der gelieferten Eisenmengen ausgeübte Diktat kämpften und Carl Engelbert Hummel als Sprecher der 13 Großzerrennhammer-Gewerken gemeinsam mit Johann Franz von Amon 1790 für die schließlich von Kaiser Joseph II. eingeführte freie Marktwirtschaft plädierte.

Das letzte Mal war es im August 1995, daß der in Ybbsitz geborene ehemalige Mittelschulprofessor aus Wien und ich zusammenkamen. Da seit einiger Zeit nur mehr einer der beiden Kastanienbäume genügend Schatten gab – der neue, junge hatte zwar schon Blätter, ließ an heißen Tagen jedoch immer noch die Sonne durch –, setzten wir uns unter den alten, nippten hin und wieder vom längst wäßrig gewordenen Eiskaffee und plauderten. Wie er, der über Neunzigjährige, dessen Wurzeln halt auch nur mehr in die Vergangenheit reichten, müsse wahrscheinlich auch dieser Baum, bei dessen Pflanzung er als Kind dabeigewesen war, bald weichen. Dann ergehe es beiden gleich. Einige würden sich zwar noch von Zeit zu Zeit an sie erinnern, aber das sei auch schon alles.

Als ob er sein nahes Ende vorausgesehen hätte, übergab er mir noch am selben Wochenende eine Abschrift seiner 1971 verfaßten Erinnerungen an „Ybbsitz vor 60 Jahren", blieb die darauffolgenden Sommer in Wien und starb als letzter Nachkomme dieser einst so bedeutenden Familie im April 1998.

Was außer in Archiven, Büchern und Erzählungen wirklich noch existiert, suche ich einige Jahre später auf. Es ist der Wunsch nach Bildern, der mich hinausführt, um wenigstens das zu dokumentieren, was heute noch ist.

Lunz am See, jener verträumt am Fuße der letzten und höchsten Berge der Nördlichen Kalkalpen Niederösterreichs gelegene Markt, geprägt von seiner Geschichte, von Namen wie Amon, Haberfelner und Kraus-Kassegg, ist meine erste Station.

Allein die Chronik und ein Gemälde im Museum wissen noch um das alte einstöckige, an seiner Westseite mit einem Doppelbogenfenster versehene Hummelhaus, das, nachdem es ein neuer Besitzer übernommen und wieder verkauft hatte, später abgetragen wurde. Ebenso wie der zugehörige Hammer, der einer Brettersäge wich. Sonst gibt es nur noch eine Grabinschrift an der Nordseite der Pfarrkirche, welche an die Gewerkenfamilie Hummel in diesem Ort erinnert.

Vorbei an der mit ihren schwarz-goldenen Figuren in einem eigenartigen Kontrast zur Landschaft stehenden Töpperbrücke führt mich die Fahrt anschließend in Richtung Göstling. Es sind vor allem die Ausläufer des Dürrensteinmassivs, die mich begleiten, jedoch auch die Ufer der Ybbs, und verstreut liegende Häuser sorgen immer wieder für Abwechslung. Dann, knapp vor dem Ziel und scharf nach links abbiegend, die Zufahrt in das Steinbachtal. Tafeln künden von Ausflugsmöglichkeiten und Wintervergnügen, ich aber suche nach den Resten des Vorderhammers, der hier einst in Betrieb stand.

Noch versperrt mir hohes, entlang dem Wasser stehendes Buschwerk die Sicht, doch bald darauf – der alles überragende Schlot. Ich nütze die Abstellmöglichkeit für mein Auto, gehe den Bach aufwärts und gelange über eine Brücke an das andere Ufer. Wie Stockzähne da und dort aufragendes Mauerwerk, zwischen freigelegten Fundamenten Brennesselkraut. Vor der im Süden noch stehenden Giebelwand herausgefallene Steine, vom Schnee des letzten Winters am Boden liegendes braunes Gras. Kaum etwas deutet mehr auf die bedeutende Rolle des Vorderhammers im wirtschaftlichen Leben dieses Tales. Und hätten nicht vor Jahren Interessierte das noch Übriggebliebene gerettet, es gäbe wohl heute nur mehr Bilder davon.

Damals erinnerte man sich, daß er eigentlich der letzte noch teilweise erhaltene Betrieb aus der Schar jener Dreizehn war, die sich einst „Großzerrennhämmer" nannten. Nicht wegen ihrer tatsächlichen Ausmaße, sondern weil sie hier im Ybbstal das alleinige Recht auf das Frischen oder, wie es eben auch genannt wurde, Zerrennen hatten. Die es sich leisten konnten, nicht ein-

mal der mächtigen Innerberger Hauptgewerkschaft beizutreten, die aber auch, als ihr Monopol fiel und andere ebenso diese Technik anwenden durften, als erste resignierten. Im Jahre 1699, noch bevor die Hummel diesen Hammer samt dem dazugehörenden Herrenhaus Stixenlehen übernahmen, hatte man hier bereits gearbeitet. Schon damals standen die Essen unter Feuer, das vorher spröde Eisen wurde „vor dem Wind“ geschmolzen, ausgehämmert und gefügig gemacht. Sollte man später nicht einmal an einem einzigen Ort mehr zeigen können, daß es auch hier geschah?

Die nüchternen, solche Gedanken verschweigenden Zahlen stehen unweit meines geparkten Autos auf einer Tafel: „Restauriert durch die Marktgemeinde Göstling an der Ybbs in Zusammenarbeit mit dem Verein NÖ Eisenstraße in den Jahren 1992–1994“.

Sie photographiere ich lediglich, weil mein Film sowieso zu Ende geht, werfe beim Einsteigen einen Blick auf die gerade noch im letzten Sonnenlicht gelegenen Mauerkronen und fahre zum Eingang des Tales zurück.

Göstling, der wirtschaftlich und touristisch in den vergangenen Jahrzehnten aufstrebende Ort. Außer dem Steinbachtal sind es vor allem das Hochkar und das Mendlingtal, welche die rund 800 Jahre vom Hochstift Freising verwaltete und heute zum Bezirk Scheibbs gehörende Gemeinde zu einer der sommers wie winters meistbesuchten Niederösterreichs werden lassen. Mit ihren typischen, vorwiegend den Göstlingbach aufwärts liegenden Haufen- und Paarhöfen bildet sie zudem eine bäuerliche Hauslandschaft, der eine ganz besondere, nur hier auftretende Speicherform zugeordnet werden kann: freistehend, im Grundriß rechteckig, oft auch quadratisch, mit reichem Sgraffitoschmuck und dem Eingang ins Obergeschoß unter der Traufe. Felsbilder, Höhlen und ein Hochmoor sind weitere Zugaben der Natur. Ich kenne sie seit Jahren, besuche sie von Zeit zu Zeit. Doch diesmal ist es etwas anderes, das mich, wieder auf der Bundesstraße, in Richtung Göstling fahren läßt.

Daß er bereits der achte in der langen Reihe der Amtmänner und Bürgermeister sei, denen Stixenlehen gehörte, hatte er mir schon gesagt, als ich ihn darauf ansprach, in Sachen Vorderhammer und Hummel auch dorthin kommen zu wollen, und ihn bat, das Haus von außen, aber was mir vor allem am Herzen lag, auch von innen photographieren zu dürfen. Viktor Gusel überlegte kurz und meinte, wenn mir die große Standuhr als einziges noch originales Einrichtungsstück genüge, hätte er nichts dagegen. Außerdem sei diese so groß und so laut, daß sie seinerzeit nicht einmal von den Russen ins Auge gefaßt wurde. Da könnte wohl ein Bild von mir auch nicht mehr schaden.

Drei Wochen später bin ich zur Stelle. Das einstöckige, große, bald hinter der nächsten Straßenbiegung sichtbare Gebäude liegt noch in der Sonne, sein Dach glänzt im Licht und wirft einen riesigen Schatten auf die davor liegenden Wiesen. Mit kleinem Turm, Mittelgiebel und angedeutetem Balkon ist es einem Schlößchen ähnlich, wie es ja auch von Einheimischen mitunter so genannt wurde. Hinter einer bogenförmig überwölbten Einfahrt der weitläufige Hof, ehemalige Wirtschaftsgebäude, eine in alter Steinrahmung gefaßte auffällige Kellertür – die Rückseite des Hauses. Rechts oben in Höhe des ersten Stockwerks „Gott allein die Ehr 1602“, die verblaßte Inschrift neben einer Sonnenuhr. Großzügigkeit, ringsumher das Bild ehemals herrschaftlichen Wohnens und ebensolchen Wohlstands.

„Einige Monate haben wir gebraucht, es nach unseren Vorstellungen einzurichten. Nun ist es endlich soweit“, meint der mir entgegenkommende Hausherr. Ich sei der erste, der es photographieren wolle. Nur herein, er selbst müsse gleich wieder weg, dafür sei seine Frau in der Küche. Da ich auch diese kenne, sie ebenfalls von meinen Plänen weiß und außerdem beschäftigt ist, bin

ich bald darauf allein, lege einen neuen Film in meine Kamera ein und blicke um mich.

Links neben der Tür ein gerahmtes Bild mit Namen und wichtigen Daten aus der jahrhundertelangen Geschichte des Hauses. Hier finden sie sich wieder, die Hummel, die Scheib und all die anderen, welche einst über diese Schwelle gingen. Gleich darauf die ehemalige Speis, der Vorratsraum, die Stiege in das Obergeschoß und darunter der Zugang zur Küche. Starke Haken im Gewölbe erinnern noch heute an die Eisenstangen, an denen es aufgereiht war und vielleicht schon beim Vorbeigehen seinen verheißungsvollen Duft verströmte: Das Beste vom Rind, vom Schwein, das Wildbret, das Kälberne, das Geräucherte, in der hauseigenen Selchkammer zubereitet und hier aufbewahrt. Die irdenen Krüge mit Butter und Schmalz, die Eier, Lemonen, Pomeranzen. Waren Feste angesagt, die vorbereiteten Linzer Torten, die Prügelkrapfen, die gestoßenen Busserl und wie sie alle hießen, die Mehlspeisen, welche einem schon beim bloßen Aufzählen das Wasser im Mund zusammenlaufen ließen. – Heute fällt das von der Hofseite eindringende Licht auf einen bunten Bauernkasten, ein Spinnrad, eine Truhe mit Zinngeschirr obenauf und läßt vor allem das Gewölbe zur Geltung kommen. Mein ewiger Kampf mit der für solch kleine Räume viel zu großen Brennweite des mir zur Verfügung stehenden Objektivs beginnt. Ins hinterste Eck gedrückt und von den Stufen der Stiege aus gelingen dennoch einige Bilder.

Geradeaus weiter gelange ich in eine kleine Halle, links geht es in eine Stube und rechts in den großen Salon. Schon vom Gang aus ist sie mir aufgefallen, nun stehe ich vor ihr, der hohen Standuhr, mit ihrem schönen Zifferblatt und dem zu beiden Seiten angebrachten Läutwerk. Meistens stehe sie still, schon wegen des Lärms, den sie in der Nacht mache, meint die eben aus der Küche kommende und gleich wieder dorthin verschwindende Hausfrau. Und daß sie deswegen einer Reparatur bedürfe. Aber wer könne das noch?

Hier gelingt es mir schon eher, einiges zu photographieren – die Uhr im Detail, den kleinen Schreibtisch – und, unter einem Mauerbogen hindurch, einen ersten Blick in den hellen, großzügig ausgestatteten Wohnraum zu werfen. Bücherschränke an den Wänden, bequeme Sitzgelegenheiten, ein Tisch. Wieder ist es die Decke, die mich sogleich fasziniert. Aus Holz, undatiert, jedoch in ihrer Form einer vom Ende des 16. Jahrhunderts stammenden ähnlich, die ich aus Ybbsitz kenne.

Viktor Gusel ist eben zurückgekehrt, hält mir, um an das verzierte Mittelstück des Rüstbaumes besser heranzukommen, den Leuchter zurück und verweist dabei auf zwei weitere, im ersten Stock des Hauses befindliche Decken, eine mit der Jahreszahl „1705“. Am Weg dorthin gehe ich an Trophäen vorbei, bewundere zuerst die hölzerne, datierte und gleich darauf die aus Stuck. Noch manches wäre bei der Restaurierung hier vielleicht zum Vorschein gekommen, meint er fachkundig, nur hätten halt auch die Statiker mitzureden gehabt. So sei es bei dem geblieben, womit er und seine Familie eine Freude hätten. Und, mit einem Seitenblick auf mich, scheinbar auch andere.

Wieder im Erdgeschoß, hat die Hausfrau inzwischen aufgedeckt. Von Gastfreundschaft war schon bei früheren Besitzern in Stixenlehen die Rede. Heute wird sogar das Nachtmahl aus der geräumigen Küche hierher in die meist nur an Sonn- und Feiertagen benützte Stube verlegt. Das alte Kruzifix an der Wand, die Durchreiche, der Schrank – fast fühle ich mich in eine Zeit versetzt, als noch andere hier zu Tische saßen, durch das Fenster draußen auf der Straße die Fuhrwerke vorbeirollen sahen, zu den Amon nach Lunz oder in das Steinbachtal. Als man noch die Zerrennhämmer betrieb, von hier aus die Hammerwerke im Ybbs- und im Erlauftal mit Eisen versorgte, vor allem aber, als man auch Freude am Schönen hatte und Häuser baute wie dieses.

Die Chronik des Hauses und seiner Besitzer

1305 Erstmalige Erwähnung im Freisinger Urbar als „Försterlehen“ (Foedum Försterii)

1310 Ortvinus der Vörster

1437 Erhart am Stuchsenlehen

1527 Etefan am Stüchsenlehen

1558 Stefan am Stixenlehen

1561 Fertigstellung der Mendling- und Dreimärktestraße. Um diese Zeit Errichtung des Vorderhammers

1620 Ab diesem Jahr wird hier ein Gastgewerbe betrieben

1624 Maximilian Rottenegger, Amtmann

´1625 Johann Rottenegger, Hammermeister, Kirchenpropst, Amtmann 1625 – 1643, Ehefrau Barbara

1646 Andre Greisenegger (von der Steinbachmühl), Gastwirt 1. Ehefrau Barbara, verw. Rottenegger

2. Ehefrau Marie, verw. Nussen, geb. Walcher von Hof
1669 Zacharias Greisenegger, Hammermeister, Kirchenpropst, Amtmann 1662–1684
Ehefrau Margaret, geb. Pirker aus Kienberg
1696 Michael Greisenegger
Ehefrau Anna Elisabeth, geb. Freysmuth aus Ybbsitz
1699 Stixenlehen und der Vorderhammer werden als zusammengehörig erwähnt
1701 Michael Josef Hummel, Hammermeister, Gastwirt, Amtmann 1730–1740
1. Ehefrau Anna Elisabeth, verw. Greisenegger
2. Ehefrau Franziska Benedikta, geb. Humer aus Ybbsitz
1705 Aufstockung des Hauses (Rüstbaum)
1760 Carl Engelbert Hummel, Amtmann von Göstling 1762–1797, Amtmann von Hollenstein. Sein Familienwappen wurde 1962 das Marktwappen von Göstling an der Ybbs
Ehefrau Marianna, geb. Schwemmenschuh
1797 Seraphin Max Hummel, Amtmann 1797–1803
1. Ehefrau Josefa, geb. Pachmayr
2. Ehefrau Genoveva, geb. Jäger
1828 Seraphin Max Hummel muß wegen wirtschaftlicher Schwierigkeiten den Ausgleich anmelden
1829 Dessen älteste Tochter Josefa Anna Hummel ehelicht Franz Xaver Scheib. Dieser übernimmt 1837 Stixenlehen und den Vorderhammer.
Das Haus erhält eine neue Fassade (1. H. 19. Jh.)
1853 Johann Nepomuk Scheib, Bürgermeister 1874–1891
Ehefrau Maria, geb. Praunseis aus Hof
1907 Neue Besitzer werden deren Kinder: Friedrich Scheib, Maria Staudinger, Christine Fohringer, Helene Lagler
1914 Alexander Altschiller
Ehefrau Juliane
1925 Baron Max Berg
1929 Anton Garapich
1931 Richard Utescheny
1931 Gottfried Kretschmann (Grimm)
1937 Baron Hans Kreisl
Ehefrau Stefanie

1953 Roman und Auguste Jagersberger
1980 Roman und Elisabeth Jagersberger
1996 Heutige Eigentümer sind Ing. Viktor Gusel, Baumeister, Bürgermeister seit 1985
Ehefrau Rosa Maria

Literatur

BÜTTNER, RUDOLF: Burgen und Schlösser in Niederösterreich. Zwischen Ybbs und Enns, Wien 1979, Seite 137 – FAHRENGRUBER, REINHARD: Die 13 Großzerrennhämmer des oberen Ybbstales. In: „Bote von der Ybbs“ Nr. 51/52 vom 24. Dezember 1999 – HUMMEL, DOMINIK: Persönliche Aufzeichnungen und Stammbaum „Nach Othmar Hummel 1972“. Ungedruckt, o. J. – KRAUS-KASSEGG, ELISABETH: Markt Göstling an der Ybbs. Festschrift aus Anlaß der Markterhebung, Göstling 1962; Chronik der Marktgemeinde Lunz am See, 2. Auflage, Lunz am See 1994 – KUSTERNIG, ANDREAS: Die 13 Großzerrennhämmer. In: „Seines Glückes Schmied. Die Eisenwurzen und der Aufstieg Andreas Töppers“, Scheibbs 1987, Seite 14 – SONNLEITNER, BERTL: Eisenstraßen-Trilogie, 1. Auflage, Lunz am See 1998 – STAUDINGER, WOLFGANG: Göstling an der Ybbs einst und heute. Chronik aus Anlaß der 25-Jahr-Feier der Markterhebung, Göstling 1987; Die Familie Hummel und das Göstlinger Marktwappen. Ungedruckt, o. J.

Zu den Bildern

DIE GEWERKENFAMILIEN HUBER UND PÖTSCH IN RANDEGG

Von der Randegger Ortschronik auf die enge Beziehung eines Vorgängers der im 19. Jahrhundert dort eine bedeutende Rolle spielenden Familie Pötsch zu Erzherzog Johann von Österreich aufmerksam gemacht, sah ich eigenhändige Aufzeichnungen desselben durch – und siehe da, der Name Vinzenz Huber schien tatsächlich auf. Ob sich der Brandhofer, wie sich der Sohn Leopolds, des Großherzogs von Toskana, später gerne nannte, im Ausseerland aufhielt, ob er als Gast bei Hochzeiten im Ennstal geladen war oder Wanderungen in der Obersteiermark unternahm, der aus Mürzzuschlag stammende mehrfache Hammerwerksbesitzer war oft mit ihm zusammen. Besonders deutlich wird die Freundschaft zwischen den beiden, als er zu nächtlicher Stunde bei der Trauung Erzherzog Johanns mit der Postmeisterstochter Anna Plochl auf dessen Wohnsitz, dem Brandhof nahe Gußwerk, dabei ist und als einer der beiden Trauzeugen fungiert. Weiters ist er wiederholt Quartiergeber des auf dem Weg ins Mürztal bei ihm einkehrenden Prinzen sowie Gratulant bei der Taufe des einzigen Kindes: Vinzenz Huber ist auf seine Weise in die Literatur rund um den volkstümlichen Habsburger eingegangen.

Ob letzterer sich bereits für die im Vergleich zur obersteirischen eher bescheiden ausnehmenden eisenverarbeitenden Industrie des Kleinen Erlauftales interessiert hat, ist nicht bekannt. Auf jeden Fall ist es aber dessen gleichnamiger Sohn, der sich hier erwiesenermaßen einkauft, sein Erbe an die mit dem anfangs in Gaming, dann in Kremsmünster tätigen praktischen Arzt Dr. Ignaz Sigmund Pötsch verheiratete Tochter weitergibt und so die hier bis 1921 ansässige Gewerkenfamilie gründet.

Während ich zum erstenmal vor dem schönen schmiedeeisernen Grabkreuz Vinzenz Hubers d. J. stehe, blitzt die Sonne aus den Wolken und zeichnet einige Sekunden lang sein Bild in scharfen Konturen an die Außenwand der Pfarrkirche. Bedeutet im Leben nicht alles nur ein Aufflackern, wie dieses kurze Spiel von Licht und Schatten? Die Erinnerung, wird sie nicht festgehalten, ist sie nicht gleichfalls innerhalb weniger Generationen dahin?

Diese Frage hatte ich mir früher schon gestellt, mich dann auf das Schreiben verlegt und zu Papier gebracht, was erhaltenswert schien. Von interessanten Menschen und wichtigen Ereignissen, von Bräuchen und Althergebrachtem oder – wie jetzt – von einstmals bedeutenden Familien und deren Häusern in Randegg.

Flach, nach Norden hin abfallend, links und rechts von immer sanfter werdenden Höhen begleitet, mischen sich an den umliegenden Hängen Buchen, Fichten und Lärchen, bis auf die Hochflächen hinauf betreiben Bauern Landwirtschaft, und Wanderern bietet sich dort vor allem im Frühling eine vielfältige Flora. Geologisch gesehen liegt der Ort im Grenzbereich zwischen den Kalkalpen sowie der Sandsteinzone, das Klima ist mild, und an den Ufern der Kleinen Erlauf finden sich nach wie vor Bachstelzen, Wasseramseln und der Eisvogel.

Hier werden wohl auch schon vor Jahrhunderten Fuhrwerke über die Straße gerollt sein, vom Erzberg über Gaming, Gresten mit Eisen beladen und vom Flachland her mit Proviant.

Es waren sogenannte Gäuschmieden, die dort existierten, meist nur für den örtlichen Gebrauch arbeitend und nur noch sehr entfernt in jenes Geschehen eingebunden, das damals typisch für die Eisenwurzen war. Auch entstehungsmäßig kaum so weit wie jene in anderen Gegenden zurückreichend, von der Anzahl der Feuer her begrenzt und zumindest zeitweise sogar gegenüber den in den benachbarten Talschaften ansässigen Betrieben durch höhere Rohstoff- und Brennstoffpreise benachteiligt.

Dennoch gibt es in Randegg, als Vinzenz Huber erstmals Interesse an diesem Ort zeigt, auch noch zwei Zerrennhämmer; freilich eben durch den um die Mitte des 19. Jahrhunderts bereits spürbaren wirtschaftlichen Rückgang vor die Wahl gestellt, entweder mit ungewissem Ausgang weiterzuproduzieren oder gleich zu verkaufen, bei noch gutem Wind.

Einige tun es. So nützt zumindest der Sohn des steirischen Unternehmers die Gelegenheit, erwirbt dort als erstes die Aumühle, einen kleinen Betrieb, den er 1857 zu einem Sensenwerk umbaut. Immerhin sind es 20–25 Leute, die hier Arbeit finden und in den sehr aufwendigen Produktionsprozeß eingebunden sind: Je Feuer ein Eßmeister, dann Breiter, Abrichter, Abrichtergehilfen, Voranabhammerer, Rückenabhammerer, Voranaushammerer, Aushammerer, Richter, Zainheizer, Breitheizer, ferner Beschneider, Schleifer, Abschaber, Hauer, Kohlbuben. Dann ist es der – wie alle übrigen Zerrennhämmer damals – auf Grund neuer auswärtiger Technologien in finanzielle Schwierigkeiten geratene Pichlhammer, den Vinzenz Huber 1867 kauft und fortan dort ebenfalls Sensen erzeugt.

Im gleichen Jahr geht auch die Strohmühle, früher auch ein Zerrenn- bzw. Streckhammer, der bereits 1844 – also noch vor der Zeit der Huber – in ein Sensenwerk umgewandelt wurde, in seinen Besitz über und vergrößert sein kleines Imperium.

Von da an weiß Vinzenz Huber d. J. die verschiedenen Arbeitsgänge geschickt aufzuteilen: In der Aumühle erfolgen die ersten Schritte, im Pichlhammer die nächsten, und die letzten, das Richten sowie das Verpacken und für den Versand Fertigmachen der Sensen, in der Strohmühle.

Als er das Ganze seiner Tochter vermacht, bleiben als Nachfolger drei Söhne aus deren Ehe mit Dr. Ignaz Sigmund Pötsch. Die beiden ersten durchkreuzen jedoch die Pläne der Eltern. Der eine, lieber seiner Berufung zum Priester folgend als Hammerwerksbesitzer zu werden, tritt in ein Kloster ein, der zweite wird Tierarzt und zwingt seinen ebenfalls den Arztberuf anstrebenden Bruder Vinzenz, nach Randegg zu gehen.

Hatten in diesem schon die Eltern die Liebe zur Geschichte, zur Volkskunst und zu Antiquitäten geweckt, prägen seit seiner 1891 erfolgten Heirat mit Leopoldine Bender von Sebelkampf nun auch die Musik und die Malerei sein Leben. Die akademisch gebildete Künstlerin entwirft Skizzen, zeichnet Portraits, schafft Aquarelle sowie Ölbilder und schmückt mit diesen das bei der Strohmühle befindliche, aus den Zeiten davor stammende Wohnhaus. Vinzenz

Pötsch bringt nicht nur die Betriebe seines Großvaters in Schwung, er betätigt sich auch als Erfinder. So versieht er in den achtziger Jahren als erster ein Sensenblatt mit irisierender Schrift, erwirbt darauf ein Patent und verschafft sich so gegenüber der Konkurrenz einen Vorteil. Er befaßt sich auch mit infrastrukturellen sowie geschichtlichen Dingen: 1890 schreibt er ein Memorandum über die Notwendigkeit einer Eisenbahn durch das Kleine Erlauftal und 1895 eine Chronik von Randegg. Außerdem verweist er auf die Dringlichkeit einer Gemeinschaft der Sensenerzeuger, welche zwar 1908 gegründet wird, jedoch bereits ein Jahr später wieder zerfällt.

Schon vorher, im Jahre 1896, kauft Pötsch die Neumühle. Hier erzeugt er bei größeren Aufträgen ebenfalls Sensen, beschäftigt insgesamt an die 40 Arbeiter und sorgt sich neben der Belieferung des heimischen Marktes um den Export. 1921 stirbt er, ohne die Fertigstellung der von ihm so ersehnten und betriebenen Schmalspurbahn durch das Kleine Erlauftal noch erlebt zu haben.

Daß er ob seiner vielen Verdienste früher bereits alle anderen Strecken in Niederösterreich gratis befahren durfte, ist Tatsache. Ob man seiner aber auch noch auf eine andere Weise gedenken wollte, indem man – als der Zug sechs Jahre nach seinem Tod tatsächlich das erste Mal fuhr – den Randegger Bahnhof gleich gegenüber seinem Wohnhaus, der Strohmühle, gebaut hat, ist nicht belegt, gehört jedoch zu jenen Dingen, die man sich heute noch erzählt.

Daten, Jahreszahlen, Geschichten – aus verschiedenen Quellen zusammengetragenes Material über eine Gewerkenfamilie, von deren Existenz ich bis vor kurzem noch nichts wußte. Auch war mir bei meinen gelegentlichen Fahrten durch dieses Tal das schöne, etwas abseits der Straße liegende Haus kaum aufgefallen. Die riesigen Hallen mit dem für den Abtransport und die Weiterverwendung im In- und Ausland zu meterhohen Stößen gestapelten Schnittholz zogen da schon eher den Blick auf sich. Vielleicht war es aber auch mein bisher zu sehr auf andere Schauplätze konzentriertes Interesse, das dahinter nichts Derartiges vermutete.

Holz. Hatte es nicht schon einmal in dieser Gegend eine große Rolle gespielt, die Eisenindustrie sich gerade hier angesiedelt, weil es genug davon gab? Jahrhundertelang war es neben der Verwendung als Baumaterial für die Feuer der Schmiede zuständig gewesen. Das Köhlereigewerbe, vielfach von Bauern im Kleinen, von Industriellen wie Andreas Töpper auch im Großen betrieben, war ein wichtiger Faktor im gesamten, einstmals gut funktionierenden System, bis – vor allem im oberen Ybbstal – selbst dieser Rohstoff knapp und von Energieformen wie etwa der Braun- und der Steinkohle abgelöst wurde.

Solches geht mir durch den Kopf, während ich fast zwei Monate nach meinem ersten Besuch erneut nach Randegg unterwegs bin. Die Fahrt über die Bezirksgrenze weckt aber auch Erinnerungen an die damals im Frühling lilafarbenen Krokuswiesen und, als sich eines der zu Hunderttausenden in den Lüften schwebenden kleinen weißen Fallschirmchen in das Innere meines Autos verirrt, an das ganze Hänge überziehende Gelb des Löwenzahns. Jetzt, Anfang Juni, ist das Heu eingebracht, die Trockenheit und die seit Tagen herrschende vorsommerliche Hitze haben die Landschaft in das eintönige fahle Braun abgemähter Wiesen verwandelt, selbst die schattigen Ufer der Kleinen Erlauf scheinen weniger einladend als sonst. Dann, etwa fünf Kilometer nach Gresten, links und rechts plötzlich besagte Hallen, Holz, Hubstapler – ich bin am Ziel.

Ruhe umfängt mich, als ich wenig später im Salon des Herrenhauses Mosser der Hausfrau gegenübersitze. Durch mehrere, noch mit den originalen Gittern versehene Fenster dringt Licht in den Raum. Die alten Mauern atmen Behaglichkeit, lassen den Lärm draußen vor der Tür, oben im Schrank tickt eine Uhr. „Fast alles stammt bereits aus unserer Zeit“, meint sie, auf die Einrichtung verweisend. „Denn als mein Großvater 1924 das Haus ersteigerte, war es leer. Bis auf einen Kachelofen im ersten Stock, der heute drüben im Speisezimmer steht.“

Ich frage nach Kindheitserinnerungen, nach den Jahren der russischen Besatzung, nach Mitbewohnern und erfahre während des darauffolgenden Rundganges durch die verschiedenen Räume vom Leben vergangener Tage. Sie, die hier Geborene, erinnere sich noch gut an das früher größere Vorhaus, an die massiven, in den Boden eingelegten Steinplatten. Das Gewölbe dort habe auch schon andere beeindruckt; nur, es gebe noch ein älteres. Ganz sicher sei das Haus einst kleiner gewesen. Auf einem Votivbild von 1766, das der damalige Besitzer aus Dank für die Errettung aus Feuersnot habe malen lassen, könne man es sehen.

Nach hinten kam man zu den Speisekammern und in die Gesindestube. Da früher – wie übrigens auch noch heute – eine Landwirtschaft dabei war, gab es jemand für den Stall, für die Kühe und für die Schweine. Sehr freundliche Mädchen waren es, weiß sie zu erzählen, bei denen sie und ihre beiden Schwestern als Kinder gerne gesessen seien. Dann von Jakob, dem Kutscher und Pferdeknecht. Denn außer für Arbeiten im Haus benötigte man auch Zugtiere, die vor allem den Transport des Holzes zur Säge oder anschließend zur Bahn bewerkstelligen mußten.

Hier unterbreche ich sie, möchte noch etwas aus der Zeit davor wissen und stoße an Grenzen. Daß ihr Großvater, der als gebürtiger Randegger drinnen in der Schliefau bereits ein Sägewerk und ein Gasthaus besaß, mit seinem Sohn, ihrem Vater, hierhergezogen sei und da noch einige Jahre gelebt habe, sei nichts Neues.

Vielleicht, warum er den ehemaligen Sensenhammer – abgesehen von der schlechten Auftragslage ganz allgemein – gar nicht fortführen konnte: Dreißig Jahre lang hätte er nämlich laut Kaufvertrag keine „Sensen, Sicheln, Strohmesser, Hacken, Äxte, Beile, Spaten, Schaufeln, Hauen, Dexel, Krampen, Sapinen, Säbelklingen, Fechtklingen jeder Art, Hämmer, Schlögel, Dängelzeuge und Gabeln“, kurz all das, was seiner Vorgängerin, der Steirischen Sensen AG, andernorts eine Konkurrenz gewesen wäre, erzeugen dürfen. Was auch ein bestimmtes Licht auf die damaligen wirtschaftlichen Gepflogenheiten werfe. Daher der Holzverarbeitungsbetrieb. In der Umgebung gab es Wald, er hatte damit Erfahrung und einen Nachkommen, der sich dafür interessierte. Mehr, und was vor allem Vinzenz Pötsch betrifft, könne sie nicht sagen. Dieser hätte

ja, als sie hier aufwuchs, längst nicht mehr gelebt, und alles, was an ihn erinnerte, sei zu einer seiner Töchter in die Neumühle gekommen.

Im an der Westseite des Hauses gelegenen Wohn- und Eßzimmer fällt besagter Kachelofen auf sowie die eigenartige, schiefwinkelige Rahmung einer Tür. „In der Küche“, erfahre ich gleich darauf den Grund dafür, „ließ das Gewölbe gar keine andere Möglichkeit zu.“ Man mußte sich – vielleicht bei einem früheren Umbau – dessen Form anpassen, und das war schließlich auch die Lösung.

Unter der kreuzförmig verwinkelten Decke, der mit Sicherheit ältesten des ehemaligen Wohntraktes, hindurch gelangen wir in jenen ehemals vom Vorhaus abgetrennten Teil, dessen ostseitiger Verlauf die Stallungen aufnahm. Die tonnengewölbte Einfahrt, der mit Efeu bewachsene Innenhof, der Brunnen, Wirtschaftsräume, darüber das Heu – fast spüre ich sie noch, die Jahre der Huber, der Pötsch, als draußen die Sensenhämmer gingen und dann die große Stille kam; als später das Geräusch der Sägen den Tagesablauf bestimmte und der Geruch von frischem Holz und fröhliches Kinderlachen das Haus erfüllten.

Jene Tage, in denen die von Vinzenz Pötsch als Ehefrau ins Haus geholte Leopoldine vor ihrer Staffelei saß, Bilder mit Motiven aus der Umgebung schuf, malte, zeichnete.

„Dort oben hatte sie ihr Atelier“, vernehme ich Inge Mossers Stimme plötzlich neben mir. Wegen des erst später erfolgten Zubaues und der eigenartigen Dachschräge, durch deren große nordseitige Glasfenster das Licht fiel, ließe sich das sagen. Hat sie meinen Blick gesehen? Weiß sie, daß ich mich gerade für diese Künstlerin besonders interessiere? Gedanken, die ich für mich behalte, ebenso wie die vorigen, als ich vermeinte, in alte Zeiten zurückversetzt zu sein.

Wieder im Haus, geht es über eine Stiege ins Obergeschoß. An dessen Südseite habe sich früher der Salon befunden, von wo später der besagte Ofen abgetragen und nach unten versetzt wurde. Nach 1945, als die Russen das Gebäude zur Ortskommandantur umfunktionierten, habe die Familie hier gelebt, sei jedoch anschließend zurück ins Erdgeschoß übersiedelt. Bis auf weniges habe sich in seinem Inneren nichts verändert: „Hier, der an der Wand hängende Bauplan aus dem Jahr 1847 beweist es.“

Gemeinsam versuchen wir, die teilweise schwer lesbare Schrift zu entziffern. Oben der straßenseitig gelegene große Raum, als Saal bezeichnet, unten das Vorhaus, die Küche, die Speis, die Schmiedstube, die Schmiedkammer; letztlich die Einfahrt, die Stallungen sowie der Schupfen. Vorne, anders als heute, der Garten in zwei Vierecke geteilt und an der Darstellung der Fassade ersichtlich farbiges, segmentartig die Oberlichte der Eingangstür ausfüllendes Glas. An das sie sich, nach so langer Zeit, noch erinnern könne, meint die neben mir Stehende. Ob es wohl daran liegt, daß es sonst, auch in ihrer Kindheit, nicht allzuviel Buntes gab?

Ebenso vom Giebel wüßte sie, daß er immer schon in den schönsten Farben leuchtete. Erst vor einigen Jahren restauriert, zeige er Hermes und Hephaistos, Gott der Kaufleute der eine, Gott der Schmiede der andere. Und die Uhr? Sie funktioniere sicher noch, genauso wie die Vase an der Spitze des Giebels die gleiche wie vor über hundert Jahren sei.

Die massive, den Dachboden verschließende Eisentür, ein von der Malerin stammendes Bild und ihr ehemaliges, heute als Ankleidezimmer genütztes Atelier sind die letzten Dinge im Haus, die mich beschäftigen. Wieder unten im Hof, gebe es außerhalb noch den in den Bergabhang hineingebauten Keller, erfahre ich. Mit den Initialen von Matthias Peyerl und einer ins 19. Jahrhundert zurückführenden Jahreszahl über der Eingangstür. Innen ein mächtiges Gewölbe und große, den Boden bedeckende Steinplatten.

Wie eben auch im Vorhaus, sagt meine Begleiterin und schließt damit den Kreis. Nur schöner und wohnlicher habe sich dieses gezeigt, als ihre Eltern noch waren, die Pötsch, die Huber und wer noch aller schon darübergegangen sei. Jetzt seien es die Mosser, die das Alte so gut es gehe bewahrten. Jenes, das einmal auch von ihnen erzählen soll: Wie sie ins Tal kamen, Glück und Trauer erfuhren, hier arbeiteten und hier lebten.

Auf dem Heimweg begleitet mich noch einmal die sommerliche Hitze, ehe ich einige Kilometer nach Gresten wieder die Höhe erreiche und von dort nach Westen fahre, der untergehenden Sonne entgegen, in die Kühle des Abends.

Chronik des Hauses und seiner Besitzer

Im 15. Jh. erbaut ein Hans Strohmüller die Strohmühle und einen Streckhammer
Errichtung des Wohnhauses vor 1470
Matthias Peyerl vom Spörkenhammer in Gresten tauscht den 1826 von einem Anton Krall errichteten und von ihm 1842 gekauften Sensenhammer in Perwarth (Zeichen „Kanne") gegen diesen Hammer in Randegg

1844 Die Strohmühle, nun ein Zerrenn- und Streckhammer, wird von Matthias Peyerl in ein Sensenwerk umgewandelt. Neuer Besitzer wird dessen Sohn Daniel Peyerl, der wie sein Vater in Gresten die Marke „Zwei Herzen" führt
1847 Umbau des Wohnhauses in die heutige Form
1850 Daniel Peyerl verkauft an Vinzenz Huber d. J.
1857 Vinzenz Huber d. J. baut die Aumühle in ein Sensenwerk um
1867 Vinzenz Huber d. J. kauft die Strohmühle, ein bestehendes Sensenwerk. Im gleichen Jahr erwirbt er auch den Pichlhammer, ein Zerrennhammerwerk, und baut es ebenfalls um
1871 Vinzenz Huber d. J. stirbt. Neue Besitzer der Strohmühle, der Aumühle und des Pichlhammers sind dessen Tochter Antonia und deren Gatte Dr. Ignaz Sigmund Pötsch
1891 Deren Sohn Vinzenz Pötsch heiratet die akademische Malerin Leopoldine Bender von Sebelkampf und wird Besitzer der Strohmühle, die zum Hauptbetrieb des Unternehmens wird, der Aumühle sowie des Pichlhammers
1896 Kauf der Neumühle und Aufnahme der Sensenfertigung
1908 In den Betrieben des Vinzenz Pötsch sind 40 Arbeiter beschäftigt
1913 Umwandlung in eine Aktiengesellschaft (Steirische Sensen AG) unter dessen Leitung. Die Strohmühle wird eingegliedert, während des Ersten Weltkrieges steht sie still, dann noch einmal Aufnahme der Sensenproduktion
1914 Der Pichlhammer wird stillgelegt und 1920 veräußert
1921 Vinzenz Pötsch stirbt
1922 In der Strohmühle wird die Sensenerzeugung eingestellt, der Betrieb Aumühle aufgelassen

1924 Das Haus und die Liegenschaften werden von Vincentius und Marie Petermann aus Randegg übernommen. Umwandlung des Betriebes in ein Sägewerk

1930 Deren Sohn Vinzenz Petermann wird Besitzer der Strohmühle und heiratet Hermine, geb. Wolf

1934 Vincentius Petermann stirbt

1963 Übergabe des Besitzes an Tochter und Schwiegersohn Ingeborg und Reinhold Mosser

1977 Vinzenz Petermann stirbt

PRÜLLER, LEO: Daten zu einer Ausstellung auf der Burgruine Reinsberg 1999 – SCHRÖCKENFUX, FRANZ: Geschichte der österreichischen Sensenwerke und ihrer Besitzer, Linz-Achern 1975, Seite 443 – MOSSER, INGEBORG: Private Aufzeichnungen

Literatur

BÜTTNER, RUDOLF: Burgen und Schlösser zwischen Araburg und Gresten, Wien 1975, Seite 125 – EPPEL, FRANZ: Die Eisenwurzen. Land zwischen Enns, Erlauf und Eisenerz. Österreichische Kunstmonographie, 2. Auflage, Salzburg 1968, Seite 131 – HOTTENROTH, HANS HAGEN (Hg.): In Memoriam – Bezirksheimatkunde Scheibbs, Scheibbs 1984: Vinzenz Pötsch (1854–1921). Der letzte Hammerherr und Chronist von Randegg; siehe auch: Festschrift anläßlich der Jubiläumsfeiern 1994 der Marktgemeinde Randegg, Seite 127 ff. – KUSTERNIG, ANDREAS: Die Schmiedschaften des Scheibbser Raumes. In: „Seines Glückes Schmied. Die Eisenwurzen und der Aufstieg Andreas Töppers“, Scheibbs 1987, Seite 34 – SMEKAL, GERHARD: Häuserchronik von Randegg, Randegg 1994 – WOKAUN, ALFRED (Hg.): Der Brandhofer und seine Hausfrau. Johann Erzherzog von Österreich, eigenhändige Aufzeichnungen, 2. Auflage, Graz 1959

Zu den Bildern

Seite 22	Zweigeschoßiges Herrenhaus (Dreiseithof) mit eleganter, spätklassizistischer Fassadierung, um 1840. In Putz gequaderter Mittelrisalit mit rundbogigen Fenstern. Oben flacher, bemalter, eine Uhr tragender Dreiecksgiebel; im Erdgeschoß eiserne Fenstergitter aus der Erbauungszeit (Eppel)
Seite 25	Rundbogentüre mit Jahreszahl 1847
Seite 27	Das frühere, heute abgeteilte Vorhaus mit Stiegenaufgang in das Obergeschoß
Seite 29	Salon des Herrenhauses Mosser
Seite 31	Blick von der korbbogig gewölbten Einfahrt in den mit Efeu bewachsenen Innenhof
Seite 32	Der von Weinreben umrankte, mit der Jahreszahl 18.8 und den Initialen M. P. (Matthias Peyerl) versehene Eingang in das zweigeschoßige Kellerstöckl
Seite 35	Portrait einer Unbekannten. Ölbild, gemalt von Leopoldine Pötsch, geb. Bender von Sebelkampf (1862–1947)
Seite 37	Grabkreuz von Vinzenz Huber d. J. (gest. 1871) vor der Randegger Pfarrkirche

DAS HAUS IN DER AU
IN YBBSITZ

Sucht man auf alten Karten nach den Standorten der früher in Ybbsitz zahlreich vorhandenen Hammerwerke, fällt eines auf: Entlang den Gewässern, wie am Prollingbach, gab es nur ganz bestimmte Schmiede, die Hacken, Krautmesser, Reifmesser, Löffel und im Laufe der Zeit alles mögliche erzeugten, während die Kupfer- und Pfannenschmiede – mit einer Ausnahme – ihre Betriebe entlang der Schwarzen Ois und der Kleinen Ybbs hatten. Warum? Wahrscheinlich einzig und allein aus der Tatsache heraus, daß es für die Letzteren, später Gekommenen, keine anderen in bezug auf die Nutzung der Wasserkraft optimalen Plätze mehr gab. Also entschlossen sie sich auch für Stellen mit weniger günstigem Gefälle, bauten ihre Häuser in größeren Abständen und produzierten dort.

Ein nur scheinbarer Nachteil. Denn während die Alteingesessenen an die vom Seitenstettener Abt Kilian Heumader bereits 1494 ausgestellte Bruderschafts- und Zunftordnung gebunden sind, scheinen die Neuen darin nicht auf. Sie nützen diesen Freiraum, genießen viele Vorteile und erregen so bald den Ärger der anderen. Daß, um diese Mißstände zu beseitigen, im Jahre 1624 Abt Kaspar Plautz eine eigene Zunft- und Handwerksordnung für die Kupfer- und Pfannenschmiede erläßt, streicht sie erst recht hervor. Sie fühlen sich vornehmer, feiern ihren speziellen Jahrtag, haben einen eigenen Zechmeister und tragen bei festlichen Anlässen eine besondere Tracht.

Kein Wunder also, daß auch Auswärtige ihr Interesse bekunden. Wie etwa jener Adam Welser aus dem benachbarten Zell an der Ybbs, der 1664 im Haus in der Au einheiratet. Zu diesem schon 1290 genannten Bauernhaus – es liegt etwa vier Kilometer vom Ybbsitzer Ortszentrum entfernt an der Straße nach Maria Seesal – gehört seit 1535 auch eine Pfannenschmiede, doch dürften Glaubenswirren, Bauernaufstände und die Folgen des Dreißigjährigen Krieges eine nachhaltige Entwicklung verhindert haben. Jetzt, wo auch das traditionelle, seit Jahrhunderten hier ansässige Gewerbe einen Aufschwung erlebt, stehen die Sterne günstiger. Der neue Besitzer bringt Erfahrung mit, er solidarisiert sich mit seinesgleichen, und im Jahre 1717 gibt es bereits sechs Pfannenhämmer in Ybbsitz, deren Betreiber gute Geschäfte machen und zu den angesehensten Bürgern gehören. Nur, das schlechte Verhältnis zu den übrigen Schmieden bleibt. So soll der Vorsatz der Pfannenschmiede, sich eher die Wadln ausreißen lassen zu wollen, als sich mit einem Krauterer (Krautmesserschmied) an einen Tisch zu setzen, damals in den Gasthäusern recht häufig in die Tat umgesetzt worden sein.

Dreihundert Jahre später sind solche Dinge vergessen. Einmal mehr erinnere ich mich an die Feiern zum 500-Jahr-Jubiläum der Markterhebung in Ybbsitz. Der Festzug hat eine schier unglaubliche Länge und kommt zwischen den beiderseits die Straße säumenden Zuschauern nur mühsam voran. Friedlich, wenn auch in getrennten Gruppen marschierend, die Schmiede. So wie an diesem Tag muß es wohl gewesen sein, wenn sie ihre Jahrmärkte abhielten, am Vormittag in der Kirche und dann in den Gasthäusern. Wenn am Morgen die Böller krachten, verdiente Meister und Gesellen geehrt und die Wahl des Zechmeisters vorgenommen wurde. So müssen sie wohl geklungen haben, die Lieder und Gesänge ...

Ich arbeite an meiner Geschichte, blättere in dem Buch mit den vielen schönen, anläßlich dieses Festes zustande gekommenen Bildern und denke zurück. An den Anfang, an die Zeiten der Not, aber auch des relativen Wohlstands, die seither ins Land gezogen sind. Verklärt nicht die Erinnerung vieles? Behält sie nicht nur die an solchen Tagen fröhliche Stimmung und vergißt das andere?

Das bunte, vor meinen Augen wieder lebendig gewordene Treiben läßt keine Zeit für solche Gedanken. Statt ihrer wie damals, als sie an diesem wunderschönen Herbsttag des Jahres 1980 durch den Ort zogen: Die Vertreter der Frauenzeche, die vielen Fahnen, die Zeugschmiede. Der Zechmeister mit dem goldenen Becher in der Hand und die Träger mit der Zunftlade. Aufgeputzte Festwägen mit Schmiedemeistern und deren Frauen in alter Tracht. Die heutige Generation der Fahrngruber, Sonneck, Lietz und wie sie alle hießen, der Schölnhammer, Weißenhofer, Fürnschlief, der Fuchs und der Seisenbacher, der vielen einst in Ybbsitz tätigen Kleineisengewerbetreibenden. Dahinter die Pfannenschmiede in ihren prächtigen Kleidern, den langen, schwarzen, mit großen vergoldeten Knöpfen besetzten Röcken. Mit breiten, quastenverzierten Hüten auf dem Kopf, mit Schnallenschuhen an den Füßen und weißen Handschuhen. Die jungen Frauen mit ihren für die Eisenwurzen typischen, mit rückwärtigem Schwanz, schwarzer Masche und verziertem Knauf geschmückten Goldhauben. Mit schwarzen Perlenhauben, Schmuck, dazu passenden Taschen, dem obligaten Sonnenschirm, Blumen tragend – die Nachkommen dieser Schmiedegattung, die Riess und die Welser.

Weiter unten in meinem Schrank das von Titel, Aussehen und Inhalt her gleiche Werk noch einmal. Wieder der prächtige Einband, abermals das Fest-

jahr – und doch umfangreicher. Sie hat es sich etwas kosten lassen, die auf ihre Herkunft stets stolze Familie Welser, stellt in dem Buch am Beginn ihre neunte, zehnte, ja elfte Generation vor, das heutige Haus und den Betrieb. Widmet das Ganze ihren Freunden und setzt Wertvolles fort. Beginnend 1964, als das Jubiläum „300 Jahre Firma Welser" bereits Anlaß gibt, in einer Festschrift der Entwicklung vom einstigen Pfannenhammer zum modernen Profilwalzwerk zu gedenken. Welche vom Handwerk in Ybbsitz, vom Alltag der Pfannenschmiede handelt und in der auch ein Mann, den ich selbst als Kind noch kannte, zu Wort kommt. Um dann, 25 Jahre später, abermals eine aufwendige Dokumentation vorzulegen. Schließlich, für besondere Liebhaber, ein in Seide gebundenes reizendes Bändchen, mit handgezeichneten Werkzeugen und deren Erzeugern.

Alte Schriften, aber auch solche Arbeiten sind das eine, dessen ich mich bei meiner Suche nach Vergangenem gern bediene, persönliche Erlebnisse und Erinnerungen das andere. Nicht, daß nach so vielen Jahren alles wie vordem geblieben wäre, bestimmte Personen und deren Eigenheiten sehe ich dagegen immer noch vor mir. Erst recht, wenn diese, oft auch erst viel später, für mich eine besondere Bedeutung erlangten. Ihren Gang, ihre Gestalt, oder wie bei ihm, dem in seiner Jugend als Pfannenschmied im Haselgraben bei drei Welsern tätig gewesenen Johann Kogler, die Bereitschaft, aufmerksamen Zuhörern aus seinem Leben zu erzählen. Freilich immer wieder unterbrochen durch endloses Reinigen und Ausklopfen seiner Pfeife, um diese, sobald er sie in der Rocktasche verstaut hatte, postwendend wieder hervorzuholen, erneut zu stopfen, umständlich anzuzünden und nach kurzer Zeit das Ganze wieder von vorne zu beginnen.

Er ist auch der letzte gewesen, der es viele Jahre später noch schildern konnte, das unter dem Breithammer und unter Hitze erfolgte Ausformen von Eisenstücken zu runden oder ovalen Blechen. Welche am Rande ganz dünn, in der Mitte jedoch von größerer Stärke waren. Die, um nicht zu verschweißen, mit einer Mischung aus Sinter, Zinn- und Bleistaub bestreut und, zu fünft oder zehnt übereinandergelegt, vom Tiefhammer zwischen mehrmaligem Abkühlen von innen her so lange „eingeschlagen" werden mußten, bis sich die Ränder aufbogen. Und die auseinandergenommen, zuletzt beschnitten, glattgerieben, gehämmert, mit Griffen oder Henkel versehen als „Welser Pfannen" noch zu seinen Zeiten in halb Europa in den Handel kamen.

Ein ganz schönes Stück Arbeit, meinte Johann Kogler damals, und deswegen oft von mehreren Gesellen abwechselnd betrieben. Er aber hätte eine solche vom Anfang bis zum Schluß allein zu schmieden verstanden, auch wenn es gar nicht verlangt gewesen wäre.

Dieser kräftige und doch so feinfühlige Mann blieb mir aber noch wegen etwas ganz anderem im Gedächtnis. Weil nämlich er es war, der vor Jahren, als auch in dieser Gegend die Kunstdiebstähle in Mode kamen, den Pfarrer bedrängte, aus einer Kapelle am Nothberg eine gotische Plastik in die Kirche zu holen. Er fand Verständnis, eine Kopie wurde angefertigt, und als diese kurze Zeit später tatsächlich gestohlen wird, hält sich der Schaden in Grenzen. So gesehen gebührt ihm nicht nur der Platz in der besagten Festschrift, sondern auch in der Ybbsitzer Chronik als Retter eines der wertvollsten Kunstwerke der Pfarre.

Inzwischen ist es Abend geworden. Ein letztes Mal ziehen die Menschen an mir vorbei, lasse ich die Bilder auf mich wirken und halte erneut bei den Schmieden. Eigene Schilder, eigene Fahnen. Bei den Zeugschmieden die Anrufung des Eligius, bei den Pfannenschmieden jene eines anderen Heiligen. Getrennte Zechen und ebenso zu verschiedenen Zeiten abgehaltene Jahrtage. War die bewußte Abgrenzung, ja das gegenseitige Mißtrauen wirklich so groß,

daß sie selbst in der Kirche nur unter ihresgleichen sein wollten? Die letzteren sich sogar an deren Nordseite ihre eigene Hochkapelle bauten, wie man vermutet? – Gedanken, die mich bis in die Nacht hinein begleiten. Fragen, die mich beschäftigen. Ob sie ein Berufenerer einst lösen wird?

Bevor ich am nächsten Morgen meine Geschichte fortsetze, stelle ich die vom Vortag am Tisch liegengebliebenen Bücher wieder an ihren Platz. Nur eines, das letzte, anläßlich des 325-Jahr-Jubiläums des Namens Welser aufgelegte, bleibt zurück. Von Profil und Profilen ist hier die Rede, zum einen längst bewiesen, zum anderen als Grundlage wirtschaftlichen Erfolgs. Von Neuem lese ich. Es gibt, seit Ybbsitz für den Betrieb zu klein geworden ist, ein weiteres Werk in Gresten und Niederlassungen in der ganzen Welt. Was man im „Haus in der Au" noch nach dem Zweiten Weltkrieg nicht einmal zu träumen gewagt hatte, ist Wirklichkeit geworden.

Einige Wochen später bin ich dort zu Gast. Im Eingangsbereich altes Gewölbe, eine Standuhr sowie der seit Menschengedenken hier befindliche, gegen die offene Tür hin matt glänzende Boden. Platten aus Stein, in der Umgebung des Sonntagberges gebrochen, vor Jahren neu verlegt und heute schöner denn je. Rechts die alte, noch holzgetäfelte Stube mit einer ebensolchen Decke und der Jahreszahl 1610.

Dann – die Küche. An den Wänden Model, Backformen aus Urgroßmutters Zeiten, Meßbecher. Über und auf dem Herd Fridatten-, Kleditten-, Langstiel- und Milchpfannen, Bratwandl, Schmalzreindl. Alle noch mit dem eingeschlagenen Schlüssel, dem „Zeichen" der Welser. Blitzend, obwohl mehr als hundert Jahre alt, die Schieber, die Griffe und Türen. „Der Herd war im Haus, nur die Kacheln mußten zum Teil ersetzt werden", wird mir erklärt. Und, daß er noch immer funktionsfähig sei, obwohl die Technik an anderer Stelle auch hier längst Einzug gehalten habe.

Wieder in der Diele – die Figur des heiligen Florian. Er, der einst draußen über das Hab und Gut der Familie wachte, genießt nun selbst den Schutz des Hauses und steht in großer Aufmachung auf seinem Podest. Ist ihm, da die Blitze nur den anderen Dingen ringsumher gelten und auch der Donner ausbleibt, mein Treiben vielleicht sogar eine willkommene Abwechslung in seinem heute schon recht beschaulich gewordenen Dasein?

Hinter einer Schiebetür der prachtvoll ausgestattete Salon. Der heizbare Kamin, Leuchten an den Wänden, über der Tafel ein vielarmiger Luster, Stühle, ein Flügel sowie weitere kostbare Details – hier empfängt man Freunde und Geschäftspartner zu besonders festlichen Anlässen. Dominierend ein auf die Geschichte des Tales zurückblickendes Bild, das den Lauf der Schwarzen Ois gegen Westen darstellt, den Prochenberg, den Maisberg. Reiter, Jäger und, wie eine kleine Ansiedlung mittendrin, den Wohnsitz der Welser.

Zurück durch einige Gänge und Türen geht es in den ehemaligen Wirtschaftstrakt, in das Privatmuseum der Familie. „Zwischen zwei- und dreihundert werden es wohl sein", lautet die Antwort des Hausherrn, als ich angesichts der dort an den Wänden, vor den Fenstern und in Vitrinen ausgestellten Schlösser wissen will, wieviele verschiedene er im Laufe seiner fünfundzwanzigjährigen Sammlertätigkeit hier zusammengetragen hat. Josef Welser und seine Frau Waltraud betrachten selbst immer wieder mit sichtlicher Freude einzelne Stücke, erklären mir Schließmechanismen, weisen auf die Funktion von Trickschlössern, auf besonders schöne Formen von Schlüsseln hin und begegnen mit bewundernswerter Geduld meinen Fragen. Ob dieser Raum wirklich noch vor einigen Jahren der Stall gewesen sei, woher all die kostbaren Dinge hier stammten und ob sich mit dem einen oder anderen Stück etwa auch ganz bestimmte Erinnerungen verbinden?

Die Kühe seien bis vor drei Jahren tatsächlich noch hier drinnen gestanden, wird mir bestätigt. Links und rechts hinter den prächtigen Säulen, deren Vorhandensein schon früher den Gedanken an eine andere Nutzung dieser Stätte aufkommen ließ. Nur ganz selten findet sich nämlich in dieser Gegend ähnliches. Vermutlich um das Jahr 1800 von umherziehenden italienischen Bauhandwerkern errichtet, wisse man in Ybbsitz lediglich von zwei weiteren solchen Ställen. Und da es dem Vieh im zur Familie gehörenden Gutshof in der Prolling zumindest ebenso gutgehe, sei man froh über diese Lösung.

„Dort sind noch die Öffnungen zu sehen, kaminartige Schächte, wo früher vom Stadel die Streu heruntergeworfen wurde. Drüben stand die Tränke, auch zwei oder drei Pferde waren hier.“ Das Ehepaar Welser ist, nachdem es mich für einige Minuten allein gelassen hatte, zurückgekehrt und setzt mit Einzelheiten über den Umbau des Stalles fort. Drei Säulen seien ausgebessert, in die Ecken Tuffsteine hineingeschnitten und, da unter dem abgeschlagenen Verputz sogar ganz alte Ziegel zum Vorschein gekommen waren, diese – um sie sichtbar bleiben zu lassen – nur mit Kalkfarbe überstrichen worden. Die Türen und der

Boden seien neu, dagegen hätten die Fenster noch die ursprüngliche Form, freilich wegen der heutigen Verwendung des Raumes auch andere Sicherungen. Sogar eines der Streulöcher wurde umfunktioniert. So versuchte man, nicht nur Bodenständiges zu bewahren: Wer heute daraus gekühlte Getränke serviert bekommt, dankt es der Hausfrau, daß auch ihren Wünschen entsprochen wurde.

Die Bemerkung, man habe am Anfang nur Vorhangschlösser sammeln wollen, sei dann aber, als alles mögliche andere auch angeboten wurde, weit darüber hinausgegangen, leitet vom Baulichen zum Inhaltlichen über. Opferbüchsen, Opferstöcke, eiserne Kassen, Spardosen, ebensolche prächtige Truhen – meine Begleiter wissen über alles Bescheid. „Hier – Tresore, die sich nur bei Kenntnis ganz bestimmter mechanischer Einstellungen öffnen lassen. Ein sogenanntes Mautschloß, beidseitig und nur mit zwei verschiedenen Schlüsseln zu sperren."

Die Zahl und Vielfalt der Schlösser ist faszinierend. An allen Ecken und Enden liegen, hängen oder stehen sie, allesamt Kunstwerke ihrer Zeit. Auch eine Fußkette, einstmals Häftlingen angelegt und an dunkle Kapitel der Geschichte erinnernd, findet sich. Daneben Uhren, deren Werke nicht nur die Stunde schlagen, sondern Schmiede auf Ambossen hämmern, Schleifer schleifen und Wasserräder laufen lassen.

Eiserne Schränke mit feuervergoldetem Zierat, schwer, behäbig – aus Holz ebensolche, an den Flügeln innen und außen bemalt. „Ein treues Herz gefallet mir, drum komme ich, mein Schatz, zu Dir" im Jahre 1795 in schwungvollen Buchstaben auf einen besonders schönen geschrieben, mag wohl einer Braut gegolten haben. In gleicher Weise, wie vielleicht die in einem Schrank hinter einer spätgotischen Tür aufbewahrten kostbaren Gläser, die Becher und das Porzellan einst auf festlichen Hochzeiten Verwendung fanden. Da ein hämmernder Mönch, dort ein in einen Amboß eingefügtes Schlüsselloch, der heilige Eligius als Patron der Schmiede, überall, sogar in den kleinen Dingen, der Hinweis auf nicht bunt Zusammengewürfeltes, sondern gezielt auf die Geschichte des Hauses und der Familie Bezug Nehmendes.

Vier eigens dafür angefertigte Vitrinen bergen weitere Schätze, Teile jener beim bewußten Festzug im Jahre 1980 getragenen Tracht. Goldhauben, eine Jungmädchenhaube und, als Kopfschmuck ehemaliger Hammerherren, einen hohen, breitkrempigen, mit goldener Schnur versehenen schwarzen Hut. Der letzte hier im Haus 1978 angeschlagene Striegel, die letzte Schweinsborstenschabe und immer wieder Schlösser: hinter Glas, in Schatullen und in Laden. Ob es nicht doch mehr seien, als die eingangs erwähnten zwei- oder dreihun-

dert, frage ich. „Kann schon sein", nickt Josef Welser, „heute zähle ich sie schon gar nicht mehr."

Die rückwärtige Tür, ebenso wie die vordere kunstvoll aus Eisen gefertigt, führt in einen kleineren Raum und von dort aus ins Freie. Vorbei an einem großen Amboß, Votivbildern mit entsprechenden, wieder das Schmiedehandwerk betreffenden Inhalten, einem Pferdeschlitten und weiteren Ausstellungsstücken ist es als letztes der Außenhof, den wir betreten. Vor allem die mit einem schönen, nach alten Vorlagen angefertigten Geländer versehene, in den oberen Teil des Stadels führende Auffahrt sticht mir ins Auge, ein aus rotem Sandstein gebauter Pferdebrunnen und, ich wende mich fragend an meine Begleiter, ein mir irgendwie bekannt vorkommender hoher Kamin.

Wohl habe er anfangs nicht gezogen und erst nach dem Einbau von zusätzlichen Außenlüftungen funktioniert, erklärt mir die Hausfrau. Seine Form sei jedoch genau dem Schlot eines in Ybbsitz vor etlichen Jahren abgetragenen Hammerwerkes nachempfunden und ihr deswegen ein solches Anliegen gewesen. „Was andere abreißen, bauen wir wieder auf", meint sie lächelnd, legt ihren Arm fürsorglich um die Schultern ihres Gatten und geht mit ihm zurück ins Haus. Dort sind es noch einmal ein alter Türstock und andere bauliche Details, die mich interessieren. Eine Regimentstruhe fällt auf, Bergmannsutensilien und ein Taufbecken bilden den Abschluß dieser beeindruckenden Sammlung. Im sogenannten Wasserhof, der früheren Verbindung zwischen Wohntrakt und Stall, verabschiede ich mich.

Bevor sich draußen wieder das schwere Gittertor hinter mir schließt, werfe ich einen Blick auf jene Stelle, wo vor Jahrhunderten alles begonnen hatte. Wo an einem Nebenarm des Baches der Pfannenhammer stand und als Zeichen hiesiger Produktion in die erzeugten Waren der Schlüssel eingeschlagen wurde. Ob er gerade deswegen im „Haus in der Au" immer noch eine solch große Rolle spielt?

Chronik des Hauses und seiner Besitzer

1290	Erstmalige Erwähnung eines „Ditricus awe"
	Später werden auf dem Haus genannt:
1535	Ulrich in der Au
1559	Hans in der Au
1594	Thomas Hinterleitner
1611	Andreas Stoißner
1626	Matthäus Gräzer
1664	Adam Welser (ist vermutlich schon 1659/60 hier Pfannenschmied)
	Anna, geb. Gräzer
1680	Michael Schinagl (Ehemann der Witwe Anna Welser)
	Anna, verw. Welser
1708	Matthias Welser
	Susanne, geb. Schaupp
1745	Thomas Welser
	Agnes, geb. Knoll
1771	Jakob Schrottmüller
	Agnes, verw. Welser
1792	Gottlieb Welser
	Theresia, verw. Schrottmüller, geb. Berger
1825	Franz Welser
	Josefa, geb. Damisch

1844 Josef Ruhdorfer
Josefa, verw. Welser
1863 Anton Welser d. Ä.
Katharina, geb. Fürnschlief
1892 Anton Welser d. J.
Maria, geb. Bachmayer
1912 Maria, verw. Welser bis 1935
Josef Welser d. Ä.
Theresia, geb. Oismüller
1924 Abbruch des Pfannenschmiedhammers und Aufnahme der Striegelproduktion
1934 Stall und Stadel des Anwesens fallen einem Brand zum Opfer
1946 Josef Welser d. J. (heiratet im gleichen Jahr Waltraud Link aus Wuppertal in Deutschland)
1974 Umbau des Hauses
Heutige Besitzer sind Josef und Waltraud Welser s.o.

Literatur

JUBILÄUMSSCHRIFT 325 Jahre Welser, herausgegeben von der Josef Welser OHG Profilier- und Stanzwerk, A-3341 Ybbsitz, im Jahre 1989 – MEYER, ERNST: Geschichte des Marktes Ybbsitz, Ybbsitz 1928 – SONNLEITNER, BERTL: Skizzen aus der Vergangenheit. Eine Kurzchronik des Marktes Ybbsitz ab dem Jahre 1928, Ybbsitz 1980 – RIEGLER, BRUNO: Ybbsitz. 500 Jahre Markt – 800 Jahre Seelsorge, St. Pölten 1981 bzw. Sonderdruck der Josef Welser OHG, A-3341 Ybbsitz, im Jahre 1981 – WERNER, ERNST: 300 Jahre Firma Welser – 700 Jahre Haus in der Au, herausgegeben anläßlich des 300jährigen Jubiläums der Josef Welser OHG im Jahre 1964 (2. Auflage 1974)

Zu den Bildern

DER SPÖRKENHOF IN GRESTEN

Noch als 85jähriger malte der Wiener Aquarellist und Zeichner Franz Alt den Spörkenhof in Gresten. Der schmale, längs eines Baches verlaufende Weg führt den Blick geradewegs auf das einstöckige, mit hohem steilem Dach versehene Wohnhaus, den nach Süden vorgeschobenen Eckturm und die ausgedehnten Wirtschaftsgebäude, läßt dahinter das zugehörige Hammergebäude erahnen und vermittelt insgesamt das Bild intakten, wohlhabenden Bürgertums.

Mit seinem Vater, dem mit einer Grestnerin verheirateten Jakob Alt, war er bereits in seiner Kindheit das erste Mal in diesen Ort gekommen. Hatte später durch Jahrzehnte eine ständige Sommerwohnung im nahe gelegenen Schloß Stiebar und hielt vieles in dessen Innerem, aber auch in seiner Umgebung mit Pinsel und Stift fest. Des Schlosses kunstsinnige Besitzerin Emilie von Knorr versammelte damals jedoch nicht nur Mitglieder der Malerfamilie Alt unter ihrem Dach, auch Namen wie Josef Kriehuber, Thomas Ender und etliche andere dieses Genres fanden sich immer wieder ein. Auch die Literatur war vertreten. Wiederholt Gäste bei Josephine Freiin von Knorr waren keine Geringeren als Marie von Ebner-Eschenbach und Ferdinand von Saar.

Solchen Glanz auch nur im entferntesten je in seinen Mauern gehabt zu haben, dessen konnte sich der einst von einem Wassergraben umgebene, im Kern wahrscheinlich aus dem 14. Jahrhundert stammende und zu den ältesten Bauten in Gresten gehörende Spörkenhof nicht rühmen. Seine Geschichte erzählt vom Handwerk: Daß sein erster Besitzer vielleicht ein Hufschmied war, dann von den nächsten ein Pfannenhammer, später ein Sensenhammer betrieben wurde und noch in den vierziger Jahren des vorigen Jahrhunderts Sicheln im Erzeugungsprogramm standen. Jene der Marke „Reiter“, deren Qualität sie weithin bekannt gemacht hatte, bis nach dem Zweiten Weltkrieg die Maschine auch in der Landwirtschaft den Menschen zu ersetzen begann, der Hammer seine Funktion verlor und anderem Platz machte.

Gresten, der alte Markt im Kleinen Erlauftal, hatte immer schon vom Eisen gelebt. Unter anderem war er bereits 1448 mit weiteren Orten der Umgebung einer Handelsverbindung beigetreten, deren Ziel die Versorgung des Gebietes um den Erzberg mit Nahrungsmitteln, Kleidung, Futter, Kohle, aber auch anderen Dingen des täglichen Bedarfes war. Je mehr Arbeiter dort mit dem Abbau des Erzes und der Herstellung des Roheisens beschäftigt waren, umso mehr mußte zugeführt werden. Ganze Bezirke wurden mit dieser Aufgabe befaßt, die

Märkte Scheibbs, Purgstall und Gresten spielten in diesem Zusammenhang jedoch eine besondere Rolle.

Zu den wichtigsten Voraussetzungen für einen funktionierenden Warenverkehr – den Bürgern und Händlern dieser Orte wurde im Gegenzug eine bestimmte Menge Abfalleisen zugesprochen – zählten gute Verkehrswege. Und da erwiesen sich einige Stellen der von der Donau durch das Erlauftal zur niederösterreichisch-steirischen Landesgrenze sowie von dort nach Eisenerz führenden Straße als arge Hindernisse. Der Peutenburger Fels, die Höhe des Grubberges, der Paß und die Enge des Mendlingtales verlangten nach Lösungen. Wollte man davon auch entsprechend profitieren, mußten neue Brücken sowie Kanäle gebaut, Steilstücke entschärft und, um Angriffen zwielichtigen Gesindels leichter begegnen zu können, sogar allzu weit heranreichende Sträucher beseitigt werden. Die Zeit, wo Saumtiere das Eisen über die Mendling, dann die Ybbs aufwärts nach Lunz und von dort entlang dem Mitterauer Bach durch den Pockaugraben sowie über den Buchberg nach Scheibbs und Purgstall, über den Kreuzkogel aber nach Gresten brachten, war vorbei. Jetzt ging es darum, aus der übernommenen Aufgabe auch für sich selbst Kapital zu schlagen und jenes Rohmaterial eintauschen zu können, das zwar nicht so hochwertig war wie das, welches etwa nach Steyr ging, jedoch nach entsprechender Behandlung in den Zerrennfeuern und Streckhämmern immer noch für die Erzeugung von Werkzeugen taugte.

Da auch höheren Ortes Interesse am Bau einer neuen Straße bestand, begann man diesen bereits im Jahre 1544, und zwar im wesentlichen mit Unterstützung des Staates, der freilich durch die Einhebung von Mauten und Aufschlägen zumindest die Kosten für deren Erhaltung wieder hereinzubringen versuchte. Dann, ab dem Jahr 1625, scheint alles den drei Märkten zugefallen zu sein: Deren Bürger hatten am meisten davon, also sollten diese dafür auch bezahlen.

Genauso verlief die Salzzufuhr aus dem Ausseerland über diese Strecke; sie war zeitweise sogar ergiebiger als jene mit dem „geschlagenen Zeug“ und verhalf den mit diesen Privilegien noch zusätzlich ausgestatteten Proviant- und Eisenhändlern auch in Gresten bald zu Wohlstand. Diese hatten als Zulieferer nicht nur die vielen kleinen daneben noch existierenden Hammerwerke, Nagel-, Hacken- und Werkzeugschmiede in der Hand, sondern bestimmten sogar den Preis der fertigen Waren, indem sie diese in Zahlung nahmen, um sie schließlich mit nochmaligem Gewinn zu verkaufen.

Seit dem 15. Jahrhundert war innerhalb Österreichs vor allem das in und um Waidhofen ansässige Sensenschmiedehandwerk von großer Bedeutung.

Neben der dortigen Zunft gleichen Namens gab es zwar noch andere, dennoch, das Freisingische Besitztum hatte es verstanden, sich vorerst bei der Produktion von Klingen und Messern, dann von Sensen eine führende Stellung zu verschaffen. Dementsprechend florierte auch der Handel, es bildete sich ein eigener Verleger- und Kaufmannsstand aus, welcher in weiterer Folge nicht nur das wirtschaftliche, sondern auch das politische Geschehen diktierte.

Als nämlich technische Neuerungen – wie der Ende des 16. Jahrhunderts eingeführte Wasserbreithammer – Umbauten in den Werkstätten erforderlich machten, sprangen sie als Geldgeber ein, übernahmen, wenn deren Besitzer den Kredit nicht zurückzahlen konnten, die Betriebe und gewannen damit Einfluß auf das gesamte Gewerbe. Durch die Städten und Kommunen wie Steyr, Kirchdorf oder Freistadt gewährte, Waidhofen dagegen vorenthaltene landesfürstliche Gunst gehemmt, rangierte man dort später an zweiter Stelle. Trotzdem – etwa im 18. Jahrhundert noch immer für rund 15 Prozent des österreichischen und steirischen Gesamtexportes verantwortlich gewesen zu sein, spricht für die Bedeutung des Sensenhandwerks in dieser Gegend.

Kein Wunder also, daß auch finanzkräftige Adlige wie jener Freiherr auf Niederhausegg, heute Schloß Stiebar, Hans Adam von Zinzendorf, damit Geld machen wollten. Er kaufte 1634 den von einem Vorbesitzer ohne kaiserliche Genehmigung von einem Pfannen- in einen Sensenbetrieb umgewandelten Hammer in der Spörken samt zugehörigem Haus und suchte zwei Jahre später um die Erlaubnis an, dort produzieren zu dürfen. Zwar sei dies „zuwider seines Standes“, wurde ihm mitgeteilt, jedoch, wenn er sich an die Regeln des Eisenbezuges sowie beim Verkauf an die geforderten Mautbestimmungen, die fälligen Aufschläge und Zölle halte, könne er.

Solches zu versprechen und gleichzeitig gar nicht daran zu denken, es auch zu tun, scheint auch für seinen Nachfolger, Ernst Graf von Zinzendorf, gegolten zu haben, da eben einer der Ihren, nämlich dessen bei Hofe höchst einflußreicher Vetter Albrecht Graf von Zinzendorf, Nutznießer eines Rechtes war, das ausschließlich ihm den Handel von in Österreich ober oder unter der Enns erzeugter und für Polen sowie weitere nördliche und nordöstliche Länder bestimmter Sensen gestattete. Dafür hätte er gerade dorthin verfrachtete Waren begünstigen und sich anderweitig freihalten sollen.

Dieser, der weiters die Einhebung diesbezüglicher Abgaben vom Staat gepachtet hatte (Sensenappalt), hielt sich jedoch nicht daran, kassierte auch da, verstieß ebenso gegen andere Abmachungen und schuf sich einen schlechten Ruf. Viele Jahre lang wurde er zum Feindbild vor allem der auf den Landweg nach Ybbs angewiesenen Verleger. So veranlaßte seine Privatmautstelle bei Neumarkt zum Beispiel die Waidhofener, immer häufiger über Wallsee die Donau zu erreichen.

Mit hoher Wahrscheinlichkeit nahm daher der Hammer in Gresten zumindest in verlagsmäßiger Hinsicht eine Sonderstellung ein, wie auch anzunehmen ist, daß seine Betreiber durchaus zu leben und zu wohnen verstanden. Durch den Namen der protestantischen Zinzendorf bleiben Niederhausegg und der Spörkenhof nicht nur mit den Wirren von Reformation und Gegenreformation in Niederösterreich verbunden, sondern sogar mit einem – wenn auch unrühmlichen – Kapitel österreichischer Wirtschaftsgeschichte.

Den Großteil des Jahres wegen des Laubes an den Sträuchern von der Straße her kaum einsehbar, bot sich mir an einem kalten Wintertag die Gelegenheit, den Spörkenhof zu photographieren; was gleichzeitig den Wunsch in mir weckte, ihn einmal näher kennenzulernen. Seine Form, das steile Dach, der Turm, die schön gegliederte, zum Teil mit Efeu und wildem Wein bewachsene Fassade – fast schien es mir, vor einem jener Gebäude zu stehen, hinter

denen ich als Kind alles mögliche vermutete: Feen, verwunschene Prinzen oder Bewacher eines geheimnisvollen Schatzes.

Das Spiel von Licht und Schatten verstärkte diesen Eindruck, sodaß ich nicht umhin konnte, es seither bei jeder mir bietenden Gelegenheit zu besuchen. Von Zeit zu Zeit über den Zaun zu schauen, bis dieses allmählich ganz hinter Strauchwerk und Büschen verschwand und nur das Bild von damals übrigblieb. Das Haus, mit dem davorliegenden Garten und den Strahlen der schräg einfallenden Sonne am Dach. Die alten Bäume und die Erinnerung …

Dennoch, ich bemerkte im Verlauf der nächsten Jahre behutsam vorgenommene Veränderungen an den Fenstern, am Verputz und, wenn ich an Wochenenden vorbeikam, fallweise geschäftiges Treiben im Hof. Es war – nach scheinbar langem beschaulichem Dasein – zumindest an solchen Tagen wieder zum Leben erwacht. Im Sommer häufiger, im Winter kaum. Und wenn der Schnee auf allem lag, waren gelegentlich die schmale Straße frequentierende Fußgänger oder Fahrzeuge das einzige, was die Ruhe für kurze Zeit störte.

Meiner Bitte, zwecks Herausgabe dieses Buches in die Geschichte des Hauses, vor allem aber hinter seine Mauern blicken zu dürfen, begegnet der Besitzer freundlich. Es ist der Urenkel jenes ersten, seit 1877 in Scheibbs tätigen Rechtsanwaltes Dr. Theodor Jelinek und Enkel des diesen Beruf dort ebenfalls ausübenden Dr. Heinrich Jelinek, durch dessen Heirat mit Anna Schönauer, der Tochter des Hammerwerksbesitzers und nachmaligen Grestner Bürgermeisters Johann Schönauer d. J., der Spörkenhof in die Familie kam.

Hier – und damit zeigt er gleich unten im geräumigen, gewölbten, am Boden noch mit alten Steinplatten ausgelegten Vorhaus auf das Bild eines sich in Tiroler Schützentracht präsentierenden Mannes – hat sich ein anderer Jelinek einst malen lassen. Auf meine Frage, was einen Bewohner des Kleinen Erlauftales denn bewogen haben könnte, in solcher Adjustierung aufzutreten, meint Heinrich Jelinek, nach seinem gleichfalls in Rechtssachen tätigen Vater der erste Techniker in dieser Reihe, daß solches in der Hauschronik nachzulesen sei. Zudem führe es in ein Stück österreichischer Geschichte, das man hier wohl kaum vermutet hätte.

Zeitlebens stolz darauf, der Verwandte jenes auf Schloß Stiebar als Zimmerwärter angestellten Kassian Pfandler – eines Nachkommen des aus St. Leonhard in Passeier stammenden Freundes Andreas Hofers – zu sein, hätte er das getan. Was vor zwei Jahren, da anläßlich eines großen Trachtenfestes in Gresten eine Tiroler Schützenmannschaft hier im Hause einen gemütlichen Abend verbrachte, für ebensolche Überraschung sorgte. Erst kürzlich hätte wieder jemand danach gefragt. Dann erzähle er das. Seine Zuhörer staunten, und vielleicht freue sich der alte Herr sogar darüber – wer weiß?

Matthias Peyerl, einer der Vorbesitzer des Spörkenhofes, gäbe wiederum Stoff für lustige Geschichten... Während der Hausherr das sagt, öffnet er die Tür in den Hof und weist rechts auf eine Stiege in das Obergeschoß des ehemaligen Wirtschaftstraktes. Peyerl, der schließlich im Armenhaus gestorben sein soll, hatte zu seinen Lebzeiten alle möglichen Flausen im Kopf. So ritt er immer wieder mit seinem Pferd da hinauf und wieder herunter oder lud Gäste zu sich, denen er, nachdem ihnen ob der aufgedeckten Speisen schon das Wasser im Mund zusammengelaufen war, kurz bevor sie zugreifen konnten, das Tischtuch samt allem darauf wegzog und sie wieder heimschickte.

Die Sonnenuhr zwischen den Fenstern trage die Jahreszahl „1230“, was wohl eher mit einer ersten Erwähnung des Hauses als mit ihrem wirklichen Alter zu tun habe. Sie sei auf Blech gemalt, erst kürzlich restauriert worden und, obwohl sie ausschließlich die schönen Stunden anzeige, auch Sinnbild für die Vergänglichkeit.

Wieder zurück im Haus, geht es jetzt über Stufen hinauf in die Diele. Hier habe er, erzählt Heinrich Jelinek, vor etwa zwanzig Jahren zu restaurieren begonnen. Vorerst ausgemalt, später dann, als er an einer Stelle die durch mehrere Putzschichten schon fast unsichtbar gewordene Stuckauflage untersuchte und ihre tatsächliche Form entdeckte, diese ganz freigelegt. Weiters eine Zwischenmauer abgetragen sowie den dort zwar auch vorhandenen, jedoch noch viel schadhafteren Schmuck von der Decke geschlagen und erneuert. Auf meine Frage, ob er das je gelernt oder zumindest unter fachkundiger Anleitung gemacht habe, verweist er lediglich auf die Ratschläge Einheimischer. Sonst sei er, da alle Bemühungen, für diese Arbeiten jemanden aufzutreiben, zu nichts geführt hätten, ausschließlich selbst am Werk gewesen, freue sich nun aber umso mehr darüber und könne bei Bedarf seine Erfahrungen heute sogar weitergeben.

Eine steingerahmte Eisentür führt von hier hinauf unter das Dach. Drei, vier Stufen, eine kleine viereckige, mit einfachen Eisenstäben verschlossene Öffnung zum Hof spendet Licht. Anschließend folgt eine Holztreppe, dann befinden wir uns in jenem Teil des Hauses, der seit seiner Errichtung wahrscheinlich am wenigsten verändert wurde. Jahrhundertealtes Gebälk, umherliegende Dachreiter, die beiden Schornsteine, am Boden die prächtige barocke Außenverkleidung eines alten Kachelofens. Und schließlich, nach Osten zu, zwei Fenster.

Er liebe diesen Blick von hier auf den Garten, meint mein Begleiter. Vor allem an Tagen wie dem heutigen. Auf die Bäume und das Gelände des abgetragenen Hammers bis hinunter zur Kleinen Erlauf. Der aus Blech geformte Kaminabschluß sowie ein aus Stein bestehendes Härtebecken seien das einzige, was davon übriggeblieben ist. Letzteres meist mit Regenwasser gefüllt und im Herbst mit Laub.

Einen Stock tiefer im Wohnzimmer alte Möbel, ein großer Tisch, Stühle. Der Ort für Feste, für den Empfang von Gästen, wird mir gesagt. Und daß das von hier begehbare kleine Turmzimmer eben restauriert wird, künftig jedoch Platz für den Schreibtisch und die Bücher des Hausherrn bieten soll.

Ich bewundere die Decke dieses Raumes, jenes „höchst bemerkenswerte Netzgratgewölbe in überschnittenen Schleifenformen, mit Stuckauflage von gleichsam spätgotischer Art“, wie es in der Literatur beschrieben wird. Dann geht es weiter, durch den Kleinen Salon, einst wegen seiner Helligkeit zum Rekonvaleszentenzimmer bestimmt und nun hausfraulichen Verrichtungen dienend, in die Küche sowie anschließend über die Stiege wieder hinunter ins Vorhaus.

War zuvor die Tür noch verschlossen gewesen, so führt unser Rundgang nun in einen Raum, dessen Bild von einer prächtigen Holzdecke geprägt wird. Am Beginn des 17. Jahrhunderts war sie hier eingebaut, dann aber aus unerfindlichen Gründen abgedeckt und erst vom heutigen Besitzer wieder freigelegt worden. Der Kachelofen, eine Standuhr und altes Mobiliar vervollständigen den Eindruck gutbürgerlichen Wohnens. Hier die oft zitierte Schmiedstube zu vermuten, klingt nicht unwahrscheinlich: Oben wurde von der Herrschaft zu Festzeiten gefeiert, unten saß man im Alltag beisammen. Oder sollte es gerade auf dem Spörkenhof anders gewesen sein?

Nach der alten, längst nicht mehr benützten Küche schließt sich der Kreis – die ehemaligen Stallungen, der Platz für die Pferde und die frühere, nun als offener überdachter Sitzplatz für gesellige Stunden genützte Waschküche. Als wir unseren Gang beenden, liegen die ersten Schatten über dem Hof.

Im Garten sind es dieser eigenartige, aus Blech bestehende Kaminaufsatz, die alles überragende Linde und hart am Stamm ein abgenützter Schleifstein, die mich beschäftigen. Auch das kleine, mit Wasser gefüllte Becken und das

Bild darin, das erst verblaßt, als es dunkel wird. Auf dem Spörkenhof jetzt das Licht eines jener seltenen Tage zu Ende geht, das auch andere bewogen haben mag, ihn zu malen, zu zeichnen, zu photographieren. So wie mich damals, als alles anfing. Vor vielen Jahren – mit den kahlen Bäumen, den Blättern und dem fahlen Blau des Himmels darüber.

Chronik des Hauses und seiner Besitzer

Das Haus auf der Spörken wird urkundlich schon im 14. Jahrhundert als Taverne der auf Niederhausegg – seit 1790 Schloß Stiebar – ansässigen Herrschaft erwähnt. Heutiger Bau aus der Mitte des 16. Jahrhunderts mit spätbarocker Fassadengestaltung.

1588	Sebastian Planckh, Pfannenschmied
1601	Abraham und Justina Hütter, Umwandlung vom Pfannenhammer zum Sensenhammer
1613	Paul und Maria Seyfridt, dann deren Sohn
1622	Hans und Ehefrau Magdalena Seyfridt
1634	Hans Adam von Zinzendorf, Freiherr auf Niederhausegg, kauft von der Witwe Magdalena S. Haus und Sensenhammer
1663	Nach dessen Tod wird sein Sohn Ernst Graf von Zinzendorf Alleinbesitzer von Niederhausegg, damit auch des Hauses und Hammers in der Spörken
1710	Eigentümer sind dessen Neffe Karl Graf von Zinzendorf und die Tochter des Grafen Ernst, Anna Rosina Margarethe Gräfin von Zinzendorf (Während der Zeit der Zinzendorf betreiben immer wieder Pächter den Hammer, wobei diese auch im Haus wohnen)
1716	Andre Schröckenfuchs kauft das Anwesen, wobei sich die Vorbesitzer ein Rückkaufsrecht sichern. Er schlägt das Zeichen „Herz“
o. J.	Rückkauf durch die Familie Zinzendorf. Besitzer sind die Schwestern Maria Elisabeth Therese Gräfin von Preysing, geb. von Zinzendorf und Maria Anna Gräfin von Preysing, geb. von Zinzendorf
1740	Maria Anna Gräfin von Preysing, geb. von Zinzendorf allein. Diese verkauft unter der Bedingung, stets einen Grestener als Lehens-

träger aufzustellen und die beim Haus befindliche halbjährige Schankgerechtigkeit selbst oder durch diesen auszuüben, an die

1742 Sensen-Compagnie zu Waidhofen an der Ybbs, zu Handen des Sebastian P. Kogler, 1775 Leopold Aigner, 1788 Franz v. Reichenauer (Solange der Spörkenhof im Besitz von Niederhausegg stand, konnte die Herrschaft auf demselben nicht bloß im Winter, sondern auch im Sommer ausschenken, sodaß sich für diesen auch lange der Name „Taferne in Gresten" erhalten hat)

1760 Nach einem jahrelangen Streit mit einem Meister in der Steiermark (Siehe „Das Herrenhaus Pfeiffer in Spitzenbach bei St. Gallen"), welcher ebenfalls das „Herz" schlägt, muß die Sensen-Compagnie in Gresten auf ihre Erzeugnisse „Zwei Herzen" schlagen, was auch von den nachfolgenden Besitzern Peyerl beibehalten wird

1808 Umbildung der Sensen-Compagnie, neuer Name: „K.k. privilegierte Sensenhandlungs-Compagnie zu Waidhofen a. d. Ybbs"

Nach Konkurs und Versteigerung gehen Haus und Hammer
1824 an Maria Antonia Fürst, Witwe nach dem Sensenhammerwerksbesitzer Johann Anton Fürst aus Gaming. Als diese abermals heiratet,
1825 an Matthias und Maria Antonia Peyerl, geb. Fürst. Dann wird
1828 Matthias Peyerl Alleinbesitzer. Es folgen
1853 Sohn und Schwiegertochter Daniel und Theresia Peyerl, geb. Hochpöchler. Da ersterer mangels Interesse den Hammer ab 1856 nicht mehr betreibt und die gut eingeführte Marke „Zwei Herzen" an Vinzenz Huber in Randegg abgibt, kauft
1859 sein Vater Matthias Peyerl das Anwesen im Exekutionsweg zurück
1860 Johann Schönauer, geboren in Böhmen, ist Eßmeister im Sensenwerk des Johann Moser „Hammer am Bach" in Opponitz und verlobt sich dort mit Anna Stockinger, einer Tochter des Besitzers des „Hammer am Erla"
1861 Neue Eigentümer in Gresten sind Johann Schönauer und Anna Stockinger, welche im gleichen Jahr heiraten. Johann Schönauer

steigt von der Sensen- auf die Sichelerzeugung um, und nachdem nur mehr die minderwertige Marke „Kanne“ am Haus besteht, wird seit damals der „Reiter mit Pferd“ geschlagen. Sein Stiefvater Carl Veigl, welcher nun Sensen erzeugt und in Opponitz den „Hammer am Erla“ besitzt, wo die Marke seit über 100 Jahren verwendet wird, gestattet dies. 1865 werden der benachbarte „Markthammer“ sowie die dazugehörenden Liegenschaften erworben, wodurch der Spörkenbesitz sowohl in betrieblicher als auch in landwirtschaftlicher Hinsicht eine Erweiterung erfährt. Johann Schönauer wird von 1873–1876 Bürgermeister in Gresten. Der erste Sohn aus ihrer Ehe ist Johann Schönauer d. J. (Bürgermeister in Gresten von 1894–1912)

1891 Er und seine Ehefrau Sabine, geb. Pfandler, übernehmen Haus und Hammer. In Gresten findet

1920 die Trauung von deren zweiter Tochter Anna Schönauer mit dem Scheibbser Rechtsanwalt Dr. Heinrich Jelinek statt

1941 Besitzerin des Spörkenhofes ist Anna Jelinek, geb. Schönauer

1947 Die Produktion der „Reiter-Sichel“ wird endgültig eingestellt

1950 Der Spörkenhammer wird abgetragen

1958 Der untere Spörkenhammer (Markthammer) wird abgetragen

1967 gehört der Spörkenhof Dr. Heinrich Jelinek d. J., derer beiden Sohn. Dieser wiederum schenkt ihn

1985 dem Stammhalter aus seiner Familie, Dipl.-Ing. Dr. Heinrich Jelinek

Literatur

BÜTTNER, RUDOLF: Burgen und Schlösser zwischen Araburg und Gresten, Wien 1975, Seite 111 f. – EPPEL, FRANZ: Die Eisenwurzen. Land zwischen Enns, Erlauf und Eisenerz. Österreichische Kunstmonographie, 2. Auflage, Salzburg 1968, Seite 84 – HOTSCH-STICKLER, THERESIA und HRNECEK, HUBERT: Kleines Heimatbuch von Gresten, Gresten 1959 und 1976 – HOTTENROTH, HANS HAGEN: Der Bezirk Scheibbs. Ansichten aus vier Jahrhunderten, Abb. 312. In: Heimatkunde des Bezirkes Scheibbs. Bildband I, Scheibbs 1977; In Memoriam – Bezirksheimatkunde Scheibbs, Scheibbs 1984: Die Herren von Zinzendorf, Seite 29; Maria Anna Schaller, vereh. Alt, Seite 99; Josefine Freiin von Knorr, Seite 156; Matthias Peyerl, Seite 204 – JELINEK, HEINRICH: Hauschronik des Spörkenhofes, 1943 – MAYER, JULIUS: Beiträge zur Geschichte des Scheibbser

Eisen- und Provianthandels. In: Jahrbuch für Landeskunde von Niederösterreich, NF 9, Jahrgang 1911, 211 ff. – SANDGRUBER, ROMAN: Das Werden eines Industrielandes – Niederösterreichs Wirtschaft im 19. Jahrhundert I/35. In: Niederösterreichische Wirtschaftschronik, Wien 1994 – SCHRÖCKENFUX, FRANZ: Geschichte der österreichischen Sensenwerke und ihrer Besitzer, Linz–Achern 1975, Seite 440 ff. – SEEFRIED, OTTO: Geschichte des Marktes Gresten, Gresten 1933 – SEMELLECHNER, KURT: Sensenerzeugung und Sensenhandel in Waidhofen an der Ybbs von der Gegenreformation bis zu den Josephinischen Reformen, phil. Diss. Wien 1972

Zu den Bildern

DAS AMONHAUS IN LUNZ AM SEE

Im Jahre 1980, als ich eine Kurzchronik über meinen Geburtsort Ybbsitz verfaßt hatte, schickte ich diese Elisabeth Kraus-Kassegg zu, bald darauf andere Arbeiten, und so entwickelte sich im Verlauf der nächsten Jahre eine Bekanntschaft, die bis zu ihrem Tode andauerte. In Briefen nannte sie mich den „Nachbarn entern Berg“ und im persönlichen Gespräch einen stets willkommenen, sie von Zeit zu Zeit mit Neuigkeiten von jenseits des Tales versorgenden Gast. Auch ermunterte sie mich jedesmal, mein Interesse an der Vergangenheit dieser Gegend beizubehalten und alles aufzuschreiben, was sonst noch nirgendwo stand.

Als sie gestorben war, riß meine Beziehung zu Lunz ab, bis zu jenem Abend im Dezember 1996, an dem ich in einer ganz anderen Angelegenheit, nämlich als Mitarbeiter im Verein NÖ Eisenstraße, hierherkam. Der EU-Beitritt Österreichs hatte große Hoffnungen geweckt, es wurde anfangs versichert, daß entsprechend vorbereitete, durchaus auch wissenschaftliche und kulturelle Projekte, wenn sie der Identitätsfindung einer Region dienten, gute Aussichten auf finanzielle Unterstützung hätten. Dies hatte mich unter anderem auch auf den Gedanken gebracht, ihre drei Hauptwerke, von denen ich ja wußte, daß sie vergriffen waren, in diesbezügliche Überlegungen einzubeziehen. Zumal zwei Jahre später der 100. Geburtstag der Autorin und ein besonderes Eisenstraßenjahr bevorstanden, welch letzteres schon um der Vielfalt willen solche Projekte brauchte. Eines gab das andere, ich hatte überraschend Gelegenheit, hier erstmals darüber zu sprechen, und erregte Aufmerksamkeit. Später bot ich meine Mitarbeit an, und trotz der großen Enttäuschung, die Neuauflage der Romane doch nicht als EU-Regionalförderungsprogramm anerkannt zu bekommen, nahm das Ganze seinen Lauf.

Der „Dorferneuerungsverein Lunz am See“ und das „Komitee Kraus-Kassegg“ nahmen sich vollinhaltlich des Projektes an, man fand im „Verein zur Förderung der heimatkundlichen Forschung im Bezirk Amstetten“ einen Partner in vertriebsmäßigen Belangen sowie Befürworter im Bezirk Scheibbs und setzte auf die Verantwortlichen des Vereines NÖ Eisenstraße. Mir vertraute man die Gestaltung einer Begleitdokumentation an, womit meine früheren Bande zu Lunz, vor allem jedoch meine Begeisterung für das Amonhaus wieder auflebten.

Als ich diesen an seiner Vorderseite mächtig abgewalmten, mit einem Doppelfenster versehenen Giebelbau daher bald darauf in der Absicht betrat, mich neben allem anderen auch mit seiner Architektur zu befassen, war ich auf die gängige Literatur angewiesen. Von einem wahrscheinlich italienischen Baumeister, der es geplant und ausgeführt haben soll, wurde berichtet, von dessen großem handwerklichem Können, aber auch vom Mut seines Auftraggebers, in der damaligen Zeit in dieser Gegend derartiges zu errichten. Man verwies auf die bis an die Rückseite reichenden prächtigen schmiedeeisernen Gitter vor den Fenstern, auf die vielen Ornamente und zählte alles zusammen zum Schönsten weit und breit. Auch vergaß man nicht, das in den breiten, unter dem Dach sowie in der Höhe des Obergeschoßes in verlaufenden Bordüren auftretende sehr seltene Delphinmuster als Beweis für den hier tätigen, vermutlich südländischen, mit solchen Meeresbewohnern also vertrauten Künstler anzuführen.

Bauliche Details, Jahreszahlen, Fachausdrücke – mich hätten schon damals mehr die Zusammenhänge interessiert. Nicht der Bauherr beeindruckte mich, sondern: Was waren die Vorbilder gewesen, woher kamen jene, die solches sogar in die verlassensten Täler brachten? Welche Techniken beherrschten sie? Gab es auch andernorts ähnliches, und wo?

Monate und Jahre vergingen. Jetzt, da ich mich wieder näher mit dem Amonhaus beschäftige, suche ich daher nach profunden Beschreibungen ähnlicher Bauten, vergleiche, schließe von diesem auf jenes und tauche diesmal tatsächlich tiefer in seine Vergangenheit ein.

Schon die über dem massiven, aus Eichenholz gefertigten Eingangstor angebrachte Inschrift „Erbaut vom Hammerherrn Martin Ofner 1551“ führt mich in die Glaubenswirren von Reformation und Gegenreformation zurück. In die Zeit, da der Einfluß der italienischen Renaissance gerade eben auch in unserem Raum spürbar geworden ist.

Vor allem tritt damals neben Steyr, das sich als zentraler Verlagsort für den nördlich des Steirischen Erzberges gelegenen Innerberger Bezirk herausgebildet hat, Leoben als Handelsplatz von in Vordernberger Betrieben erzeugtem Eisen nach dem Süden auf. Kein Wunder also, daß sich dort bald Nachkommen auch auswärtiger, aus Bayern, aus Italien stammender wohlhabender, teils adeliger Familien niederlassen, deren Drang nach Bildung und Kultur Einfluß auf die verschiedensten Bereiche nimmt. Nicht nur daß sie, die inzwischen selbst zu Händlern, gleichzeitig jedoch oft auch zu Radmeistern oder Hammerherren geworden sind, ihre Söhne von Privatlehrern unterrichten lassen und anschließend auf die besten Universitäten schicken, sie legen auch Wert auf deren standesgemäßen Umgang. Nicht selten findet man solche später als

hohe Beamte, ja sogar Bürgermeister und durch Heirat wiederum mit anderen erfolgreich im Eisenwesen Tätigen verbunden.

Ihr auf humanistische Werte ausgerichtetes Gedankengut schließt jedoch auch fortschrittliche, moderne Wohn- und Lebensformen nicht aus, sodaß dort zusehends aus dem „Welschen“ Kommendes Platz greift. So finden sich in Innenhöfen von Gebäuden in Leoben etwa ab der Mitte des 16. Jahrhunderts Arkadengänge, wie sie seit hundert Jahren oberitalienische Paläste schmücken. Der mittelalterliche Laubengang beispielsweise wird im berühmten Kornmesserhaus in Bruck an der Mur zum Vorbild; ebenso baut man schlanke toskanische Säulen, Bögen und Gesimse sowie andere Details, an denen die Rückbesinnung auf die Antike sichtbar wird. Einerseits entspringt dies künstlerischem Verständnis, andererseits jedoch dem Bedürfnis nach Repräsentation. Man will zeigen, was man hat und daß man der Konkurrenz auch in solchen Dingen nicht nachsteht.

Zuständig für den um diese Zeit bald allerorts spürbaren Einfluß dieser neuen Stilrichtung in der Steiermark und in der Folge auch in Niederösterreich

sind aus dem oberitalienischen Raum stammende Baumeister, Steinmetzen, Maurer und Stukkateure. Meist unbekannte Namen, bis auf einen, nämlich Domenico dell' Allio, der aus Lugano kommt und im Jahre 1544 von König Ferdinand I. nach Graz geholt wird. Eigentlich soll er, der als Spezialist für den Festungsbau gilt, die aufgrund der immer weiter nach Europa vordringenden Türkengefahr wachsende Sorge um die Sicherheit der Grenzen beseitigen helfen. Er baut jedoch auch das Grazer Landhaus, dessen Hauptfassade und Arkadenhof bis heute in der Steiermark ihresgleichen suchen.

Wie von dort entnommen erscheinen anderswo an vielen im 16. Jahrhundert errichteten Häusern später die gleichen Elemente, etwa das rechteckig umrahmte Rundbogenportal oder das gekuppelte Rundbogenfenster. In Leoben, in Eisenerz, aber auch entlang der Enns bis heraus nach Weyer und Lunz. Wenn auch derselben Formensprache wie jener des Tessiner Meisters zugehörig, gelten diese jedoch als nachempfunden und werden heute eher zweitrangigen, weil um den Comer See beheimatet „Comasken“ genannten Gruppen von Handwerkern zugeschrieben.

Diese arbeiten nach Vorbildern sowie ausschließlich anhand mitgebrachter Entwürfe. Im Winter gehen sie wieder in ihre wärmere Heimat zurück und bauen im nächsten Jahr weiter. Setzen ganz nach südlicher Manier das Tor oder im ersten Stock besagten Fenstertyp ein, konzipieren dahinter sowie im Erdgeschoß den breiten, hellen Flurgang mit seitlichen Türen zu den Wohnräumen und gestalten den Innenhof mit Arkaden.

Als nach der Gotik mit ihren schmalen, hohen Formen die nun eher horizontal ausgerichteten großflächigen Fassaden auch den entsprechenden Schmuck verlangen, erledigen sie auch dieses. Sie verwenden eine vor allem in Städten wie Florenz in Mode gekommene Ritztechnik, arbeiten mit Schablonen oder der freien Hand, kratzen aus der helleren, noch feuchten oberen Putzschicht die entsprechenden Ornamente heraus und erhalten auf diese Weise das Gewünschte. Am Amonhaus etwa das in Bändern auftretende Delphinmuster, die angedeuteten, mit Blüten gefüllten Eckquader und an der Vorderseite die beiden in Rhomben eingezeichneten geharnischten Reiter. Sgraffitokunst, hier noch auf Fenster, Kanten und die freie Fläche über dem Portal beschränkt: die frühe Form in Österreich, überleitend zu erst ab ca. 1580 in Städten wie Retz, Weitra, Eggenburg oder Horn bekannten figuralen, oft die gesamte Fassade ausfüllenden Dekorationen, jedoch typisch für die Obersteiermark und die Eisenwurzen.

Solcherart eingestimmt, wende ich mich nun dem Inneren des Amonhauses zu, den Räumen, der Einrichtung und den Personen, die es einst bewohnten oder deren Namen sonst in irgendeiner Weise mit diesem geschichtsträchtigen Gebäude verbunden sind.

Linker Hand im Museum fällt mein Blick auf das mit aufgeschlagenen Seiten auf einer Truhe liegende „Wappen- und Stammbuch" derer von Amon. Neben Darstellungen der verschiedenen, über halb Europa verstreuten Mitglieder der Familie finden sich darin Eintragungen bezüglich ihres ersten Auftretens sowie der Vorkommnisse während der Franzosenzeit, der Verdienste Johann Franz von Amons, und es schließt etwa mit seinem Tod. Gemälde einiger Nachkommen, persönliche Erinnerungsstücke runden das Bild dieser Epoche ab, als von hier aus zumindest über einen Zeitraum von hundert Jahren kulturelle und wirtschaftliche Fäden gezogen wurden. Als das Haus nicht nur Mitglieder des Kaiserhauses beherbergte, sondern auch Sitz von Großzerrennhammermeistern und Amtsverwaltern war und während der schweren Bedrohung durch die Franzosen auch Zufluchtsort für die heimische Bevölkerung.

Nach hinten wechselt die Decke des Raumes von jahrhundertealtem braunem Holz zu prächtigen weißen Gewölben. Auch hier Sehenswertes: Hinterglasbilder, Laternen, ein Bergmannsstock Andreas Töppers, viel Bäuerliches.

Es ist Winter und empfindlich kalt. Draußen im Hof weht es in den Arkaden, Schneeflocken stürmen von oben und durch das nordseitige offene Hintertor auf mich zu, ich flüchte mich in eine der seitlichen, mit allerhand Eisenzeug verstellten Nischen und gehe von dort einige Schritte hinunter in den Keller. – Wo sich früher die eigene Quelle des Hauses befand, erinnert man sich heute des in Lunz geborenen und aus einfachsten Verhältnissen stammenden Josef Haberfelner, der als Geologe und Entomologe infolge großen Fleißes sowie außergewöhnlicher Fähigkeiten im In- und Ausland beträchtliches Ansehen erwarb und der aufgrund seines abwechslungsreichen Lebens nach den Amons und vor Töpper zur zweiten großen Romanfigur von Elisabeth Kraus-Kassegg wurde.

Wieder zurück in der Halle, gelange ich durch eine kleine Tür in die rußgeschwärzte, über vierhundert Jahre alte Küche. Zuletzt als Abstell- und Wäschekammer benutzt, gibt sie trotz ihrer nicht mehr originalen Einrichtung dennoch Einblick in den früher kaum gewürdigten Bereich der Frau, dem die oben genannte Schriftstellerin vielleicht gerade deswegen so viel abgewinnen konnte, daß sie diesen immer wieder in vielen Details beschrieb.

Über die Stiege geht es in den 1. Stock, dann nach links in den ehemaligen Speisesaal und in das „Kaiserzimmer“, in dem einst höchste Persönlichkeiten wohnten. Wie der Habsburger Franz I. im Jahre 1810, als er nach Lunz kam, um Johann Franz von Amon für die österreichischen Soldaten während der Franzosenkriege zuteil gewordene Hilfe zu danken, oder zehn Jahre später auch der Sproß Napoleons I., der Herzog von Reichstadt. 1853 hielt sich Kaiser Franz Joseph kurze Zeit in Lunz auf, besuchte Engelbert, den Sohn des Johann Franz von Amon, und bekräftigte abermals das vom Kaiserhaus der Familie entgegengebrachte Wohlwollen.

Im daran anschließenden „Geisterzimmer“ ging es weniger majestätisch zu: Es ereigneten sich geheimnisvolle Dinge, und nur wenn man, etwa bei Festen, sowieso schon bis unter das Dach voll war, quartierte man dort überhaupt jemanden ein.

Erzählt hier jedes noch so kleine Stück vom Amonhaus und seiner Geschichte, am unmittelbarsten und intimsten erlebe ich sie im obersten Teil des Gebäudes. Neben alten Waffen, Spießen, Hellebarden sowie von der Decke und an den Wänden hängendem bäuerlichem Einrichtungsgut beeindruckend die im Amonteil der Trilogie erwähnte, aus der ehemaligen Kapelle im rück-

wärtigen Teil des Hauses stammende, das Jesuskind auf ihren Armen tragende frühbarocke Muttergottesstatue – eines der wenigen kostbaren Objekte, die nach der im Jahre 1879 erfolgten Versteigerung des gesamten Inventars im Haus verblieben. Einzig und allein deshalb, weil ein Bauer, dem das Geld für andere Sachen fehlte, nicht ganz umsonst den weiten Weg auf sich genommen haben wollte, lange zwischen einem Tisch und der Madonna hin und her überlegte, letztlich doch das Möbelstück wählte und es mit nach Hause nahm.

Ich kannte Räume mit schräg durch die Fenster fallendem Licht und jener eigenartigen Stimmung, die Schauplätzen der Geschichte, der Literatur oder auch der Musik eigen ist. Ich wußte um die Bedeutung solcher Orte für eine Region und das Selbstverständnis ihrer Bewohner. Und doch, was mich hier berührte, war mehr.

Wahrscheinlich hat auch Elisabeth Kraus-Kassegg, um arbeiten zu können, solche Plätze gebraucht. Die Herausforderung, sich für deren Erhalt einzusetzen, den Kampf gegen Unverstand wie auch, nach jahrzehntelangem Ringen, den Erfolg. Die Schönheit und die Kraft der Eisenwurzen, wie sie sie sah und in ihren Büchern wiedergab. Das Amonhaus, das sie liebte und uns als Vermächtnis hinterließ.

Chronik des Hauses und seiner Besitzer

1551 Unter Martin Ofner und dessen Gattin Apolonia Errichtung des Hauses. Besitzer sind ab dem Jahr
1588 Hanz Kfogler (Ehefrau Magdalena)
1589 Ruprecht Christof Moszer (Ehefrau Agnes)
1622 Tobias Mohser (Ehefrauen Anna, Ursula, Christine)
1649 Paul Haiden (Ehefrau Christine)
1671 Paul Joseph Brunner, k.k. Kammergutsbeförderer und Zerrennhammermeister (Ehefrau Christina Anna, geb. Haden)
1683 Mathias Joseph von Reichenau (Ehefrau Christine Anna, geb. Prunner)
1736 Felix Franz von Reichenau, k.k. Waldmeister, k.k. Kammergutsbeförderer, Großzerrennhammergewerke, Amtsverwalter (Ehefrau Theresia, geb. Lang)
1760 Theresia von Reichenau (Witwe)
1784 Johann Franz von Amon, Großzerrennhammergewerke, Inhaber der zwei Großzerrennhämmer in Lunz und Vorsteher der elf Großzerrennhämmer der Gewerken von Göstling und Hollenstein (Ehefrauen Johanna, Anna Philippina Rosina, Clara)
1805 Johann Franz von Amon führt zwei Kompanien des Wiener Hausregiments Deutschmeister, um sie vor französischer Gefangenschaft zu retten, über den Dürrenstein in die Steiermark
1810 Kaiser Franz I. besucht Johann Franz von Amon, um ihm für seine patriotischen Taten zu danken
1820 Zweiter Besuch Kaiser Franz I. in Lunz
1825 Engelbert Joseph Michael von Amon, Großzerrennhammergewerke, ist neuer Besitzer. Nachfolgende Eigentümer des Hauses sind:
1876 Anna Baumann (vereh. Peter)
1877 Franz Gradl (Gastwirt in Oberois)
1879 Ambros und Therese Helmel (Bauer auf Predereck)
1914 Heinrich Paris eröffnet in drei Räumen des ersten Stockwerks, die er vom damaligen Besitzer mietet, ein Museum
1960 Neuer Besitzer des Hauses ist die Marktgemeinde Lunz am See
1964 Eröffnung des renovierten Hauses. Das Museum übersiedelt in die unteren Räume, und im ersten Stock zieht die Gemeindeverwaltung ein

Literatur

GÜNTHER, SIGRID: Der Einfluß der italienischen Renaissance am Beispiel der Gewerkenhäuser des 16. und 17. Jahrhunderts im Umkreis von Leoben und an der Steirischen Eisenstraße. In: „Res montanarum". Zeitschrift des Montanhistorischen Vereins für Österreich, Nr. 3, Leoben 1991 – HOTTENROTH, HANS HAGEN (Hg.): In Memoriam – Bezirksheimatkunde Scheibbs. Johann Franz von Amon (1754–1825). Gewerke und Amtmann, Scheibbs 1984, Seite 82 – KRAUS-KASSEGG, ELISABETH: Das Amonhaus in Lunz am See. In: „Kulturberichte aus Niederösterreich", Folge 7, Wien 1964, Seite 49 f.; Das Amonhaus in Lunz am See. In: „Kulturberichte. Monatsschrift für Wissenschaft und Kultur", herausgegeben vom Land Niederösterreich, Oktober 1973, Seite 1 ff.; Der Hammerherr Johann Franz von Amon. In: „Waidhofner Heimatblätter", 3. Jahrgang 1977, Seite 36; Das Amonhaus und seine Geschichte. Johann Franz von Amon und die Franzosenzeit. In: Chronik der Marktgemeinde Lunz am See, 2. Auflage 1994, Seite 62–68 bzw. 80–84; Das Amonhaus in Lunz am See. In: „Waidhofner Heimatblätter", 6. Jahrgang 1980, Seite 53 – SONNLEITNER, BERTL: Eisenstraßen-Trilogie, 1. Auflage, Lunz 1998

Zu den Bildern

Seite 70	Das Amonhaus heute. Mit seinen prächtigen Fensterkörben, den in Sgraffitotechnik ausgeführten Ornamentbändern und Bordüren, die in Form und Inhalt (Delphinmuster) auf einen italienisch geschulten Meister hinweisen, zählt es zu den schönsten Renaissancebauten Niederösterreichs
Seite 73	In Stein gefaßtes Eingangstor aus Eichenholz
Seite 74	Bild aus dem 1914 von Heinrich Paris eingerichteten und ab 1951 von Elisabeth Kraus-Kassegg geleiteten Museum im Amonhaus
Seite 77	Im ersten Stock, neben dem Säulengang befindlicher großer Raum mit Kachelofen
Seite 78	In demselben beeindruckende Lärchendecke (Rüstbaum 1605) mit Palmettenmustern und Sonnenrad
Seite 79	Detail aus der ehemaligen Rauchküche
Seite 82	Löwenkopf als Türklopfer am Eingangstor

RUND UM DAS TÖPPERSCHLOSS IN NEUBRUCK BEI SCHEIBBS

Wenn derzeit konkrete Bemühungen im Gange sind, Schloß Neubruck samt seiner Kapelle vor einer ungewissen Zukunft zu bewahren, so wurde der Anfang dazu nicht erst jetzt, sondern schon viel früher und auch anderswo gemacht. Neben einer denkwürdigen, im Jahre 1987 in Scheibbs gezeigten Ausstellung über Andreas Töpper, deren beziehungsvoller Titel „Seines Glückes Schmied“ gar nicht besser gewählt hätte werden können, waren es in der Folge immer wieder verschiedene Berichte in den Medien, die zumindest den Gedanken daran aufrechterhielten. Genauso half alles, was ganz allgemein in letzter Zeit unternommen wurde: Das Wiederbewußtmachen ehemals bedeutender Persönlichkeiten, der Hinweis auf die kulturellen Werte dieser Region und die Stärkung des Willens, dafür auch etwas zu tun. Nichts jedoch brachte Töppers Namen nachhaltiger in Erinnerung als jener Roman, den Elisabeth Kraus-Kassegg über den erfolgreichen Unternehmer schrieb, in dem sie sein Leben nachzeichnete und mit dem sie ihm ein Denkmal schuf.

Als ich die lange Liste der dieses Großprojekt befürwortenden Politiker, Funktionäre und Privaten zu Ende gelesen habe, fällt mir das Amonhaus und der 21. März 1998 ein, wo man der 1989 verstorbenen Schriftstellerin anläßlich ihres 100. Geburtstages gedachte. Die Zeit davor, da ich mich über ein Jahr lang intensiv mit ihrem Werk beschäftigt hatte und nicht in Neubruck, sondern in Lunz Dauergast war. Ist sie nicht in den fünfziger und sechziger Jahren vor einem noch größeren Problem gestanden? Könnte nicht ihr Beispiel Mut machen, auch hier an den Erfolg zu glauben?

Schon am Vormittag des unfreundlichen, trotz des Datums noch immer kalten Wintertages hatte man sich damals in diesem Gebäude versammelt. Gäste aus Wien, von der anderen Seite des Grubberges, bis hinaus nach Waidhofen an der Ybbs und Weyer. Die Palfau war vertreten, auch Wolfgang Staudinger, schon von seiner Krankheit gezeichnet, hatte es sich nicht nehmen lassen, anwesend zu sein. Die Halle konnte die vielen Leute nicht fassen, also standen sie bis hinaus vor das wuchtige, in Stein gefaßte Eingangstor, ebenso auf der zum Obergeschoß führenden Stiege, um den Ansprachen jener zu lauschen, die gekommen waren, Elisabeth Kraus-Kassegg zu gedenken. Bei der Enthüllung einer Tafel dabeizusein, die, vom Land Niederösterreich gewidmet, an sie erinnern sollte.

In ihrem Leben hat es nur selten derartige festliche Anlässe gegeben. Die 1898 in Kärnten Geborene und erst 1920 mit ihren Eltern nach Lunz Zugezogene hatte sich trotz größter Schwierigkeiten bereits sehr früh für die Erhaltung dieses seit seiner Errichtung in den Jahren 1551/52 in bürgerlichem und zuletzt in bäuerlichem Besitz befindlichen Hauses eingesetzt. Nicht nur sie als Leiterin des in einigen Räumen eingerichteten Museums wußte um dessen schlechten Zustand, auch Kunstverständige von außerhalb zeigten sich besorgt, sodaß eine Entscheidung bezüglich seines Weiterbestandes in Lunz immer dringlicher wurde. Sie begann in den verschiedensten Zeitungen darüber zu schreiben, sprach bei den zuständigen Stellen vor, mahnte, bat – und erreichte vorerst nur die schon längst notwendige Erneuerung des Daches. 1960 übernahm die Gemeinde das Haus; es gab, so steht es in der Ortschronik, „einen fast einstimmigen Beschluß, es niederzureißen“. Doch die schon zehn Jahre andauernden Bemühungen Kraus-Kasseggs hatten Erfolg. Die für die Renovierung notwendigen Mittel wurden aufgebracht, vom damaligen Bürgermeister ermuntert stand man nun auch von seiten der Lunzer Bevölkerung dazu und rettete das Haus. Der rückwärtige Teil mußte zwar wegen der bereits vorhandenen und nicht wieder gutzumachenden Schäden abgetragen sowie das Dachgeschoß verändert werden, doch entgegen vielen anderslautenden Prophezeiungen feierte man 1964 seine Eröffnung.

Seither war es Stätte zahlreicher Ausstellungen, das Museum übersiedelte in das Erdgeschoß, und in die damit frei gewordenen Räume des ersten Stockes zog die Gemeindeverwaltung ein. Elisabeth Kraus-Kassegg wurde Ehrenbürgerin, kümmerte sich noch, solange es ihre Gesundheit zuließ, um die Sammlungen in dessen Inneren und starb 1989. „Am heutigen Tag wäre sie hundert Jahre alt geworden“, schloß der Bürgermeister seinen Rückblick, enthüllte an der Seite des Vertreters des Landes die Gedenktafel und lud zu den weiteren Veranstaltungen ein.

Ich war, obwohl mitten im Gedränge, nicht wirklich dabei. Ging vielmehr in Gedanken noch einmal die Stiege hinauf und durch die Räume. „Die Herren von Amon und ihre Frauen“ wurden lebendig; „Josef Haberfelner, der Meister der Steine“, ein weiterer ihrer Romanhelden, stand vor mir. Vor allem aber „Andreas Töpper, der Nagelschmied und Großindustrielle“, war gegenwärtig – in all den Dingen, die an ihn, der etwa um dieselbe Zeit wie der letzte Amon auf diesem Haus in Neubruck starb, noch immer hier erinnern.

Draußen im Säulengang zum Beispiel die von ihm im Jahre 1841 zusammen mit einem Kreuz auf dem Gipfel des Dürrensteins gestifteten gußeisernen Tafeln, welche, nachdem ein Sturm alles vernichtet hatte, hierhergebracht

worden waren. Oder auf dem Dachboden jenes weitere bemerkenswerte Relikt, das die von ihm erbaute Brücke im nur wenige Kilometer von hier entfernten Ortsteil Kasten betrifft, nämlich der von seinem Sohn mehr als fünfzig Jahre später beim Fischen an der Stelle des im August 1861 eingestürzten ersten Überganges gefundene eherne Fuß des heiligen Florian, dessen übrige Teile – wie jene der anderen vier nie mehr entdeckten Figuren – noch immer am Grunde des Ybbsflusses liegen.

Dieser über eine weitere Stiege erreichbare Raum hatte mich vom ersten Tag an begeistert, und auch jetzt hielten mich seine Schätze aufs neue länger als alles andere fest: die bis oben mit alten Schriften gefüllten Truhen, die Bilder, Zeichnungen, Pläne, Rechnungen und Dokumente – vieles vor allem aus den ehemaligen Betrieben Töppers in Lunz.

Wieder im Erdgeschoß, fand ich unter den Beständen des Museums sein Portrait, einen Bergmannsstock, Bilder seiner Köhlereien in der Lend. Wer – wie ich – Neubruck damals noch nicht kannte, vermeinte ihn hier fast ebenso präsent. Und doch, das wirklich Bemerkenswerte spielte sich woanders ab, war, geradeso wie einst dieses Haus, in Gefahr, vergessen zu werden. – Nein, sie hatte zu Lebzeiten das Ihre getan, jetzt mußten andere um sein Vermächtnis kämpfen, sollte nicht ebenso Unwiederbringliches verlorengehen.

Als mich nach und nach die Wirklichkeit wieder eingeholt hatte, war die Halle fast leer. Die Lieder waren verklungen, ein letzter Blick galt noch dem massiven, aus Eichenholz gefertigten, an seiner Innenseite mit einem alten Schloß sowie außen mit einem mächtigen Löwenkopf versehenen Eingangstor, dann nahm mich wieder die Straße in Empfang. Das beim Betreten des Hauses noch dichte Schneegestöber hatte aufgehört, einige Autos fuhren in verschiedenen Richtungen davon.

Mehr als drei Jahre später bin ich tatsächlich in jener Umgebung, der ich immer wieder in Beschreibungen und in meiner Phantasie begegnet bin. Über die derzeitigen Besitzer ist es mir möglich, im Schloß zu photographieren und durch Räume zu gehen, deren Ausstattung alle meine Erwartungen übertrifft, die mir aber auch zeigen, wie dringend notwendig Hilfe ist.

Vorher schon habe ich jenen Mann getroffen, der über mein Kommen informiert ist, dessen Vater schon im Betrieb beschäftigt war und der mich begleiten wird. Tatsächlich weiß der nach der Stillegung des Werkes als einer der letzten hier Verbliebenen über jedes Detail Bescheid. Macht mir hinter Wandvertäfelungen verborgene Steckdosen zugänglich, warnt mich vor im Dunkeln schlecht sichtbaren Hindernissen, öffnet Schränke, steht mir jedoch auch für die vielen plötzlich auf mich einstürmenden Fragen zur Verfügung.

Ob er persönliche Erinnerungen an dieses Haus hat und wie lange er selbst es schon kennt? Im großen, bis auf einen massiven hölzernen Schreibtisch leeren ehemaligen Speisesaal ist er während meines Suchens nach günstigen Standorten für meine Bilder noch wortkarg. Hingegen betrachtet er aufmerksam mein Tun, hilft mir beim Verlängern der einmal zu kurzen, dann beim Aufrollen der wieder zu langen Kabel, interessiert sich für meinen Photoapparat sowie die verwendeten Objektive, wird jedoch gesprächiger, als wir in das Obergeschoß kommen.

Da geht es einige Male über Stiegen, kleine Treppen, durch Gänge, vorbei an Bildern, Türen und zuletzt geradeaus in den ersten der mit Parkettböden, Holz an den Wänden sowie kostbarem Zierat versehenen Räume. Ein Kachelofen, ein Tisch und Stühle – in dem durch die Butzenscheiben an den Fenstern dringenden Licht erscheint alles noch vornehmer. Eine Lafette vermittelt Kriegerisches. Ob sie hier direkt vor Ort einst zum Austragen von Streitigkeiten gebraucht wurde, wisse er nicht, jedenfalls sei dieses einmal das Billardzimmer

gewesen, klärt mich mein Begleiter auf. Seitwärts gehe es in ein kleines Gemach, früher vielleicht für ganz andere Spiele bestimmt, schmunzelt er, zumindest läßt das Gemälde am Plafond solche Gedanken zu.

Wieder zurück, betreten wir die ehemalige Bibliothek. Ihr größter Schmuck sind heute nicht mehr die Bücher, sondern es ist die Decke, die mich staunen läßt. Ihre quadratischen Felder, alle ausgelegt mit tierischen und floralen Ornamenten, an den Rändern ebenso gold- wie silberfarben glänzend, bilden den Höhepunkt des bisher Gesehenen. Ob ich diese bei natürlichem oder künstlichem Licht, ganz oder nur teilweise, von unten oder doch schräg von der Seite festhalten soll, beschäftigt mich derart, daß ich zunächst gar nicht bemerke, allein zu sein. Wer hätte so Kostbares hier in Neubruck vermutet? Gibt es noch weitere solche Überraschungen, von denen ich trotz meines nun schon bald jahrzehntelangen Interesses an diesen Dingen nichts weiß?

Hier, das ist der Türkensaal, höre ich plötzlich die Stimme wieder. Hallend, offensichtlich aus dem nächsten, noch viel größeren Raum. Nicht einmal die vielen riesigen Gobelins an seinen Wänden vermögen sie zu dämpfen. Ich folge ihr und gelange schließlich in den nach Norden zu über dem Hauptportal liegenden Teil des Schlosses. In den fünfziger Jahren sei er immer einmal im Jahr, knapp vor Weihnachten, hier gestanden. Er, der kleine Rudi, inmitten der vielen anderen Kinder der Werksarbeiter, der Angestellten, jener des Betriebsleiters, aber auch der damaligen Besitzer des Hauses und der Fabrik. Nicht mehr auf dem großen, nach den Erzählungen älterer Leute einst fast den ganzen Boden bedeckenden Teppich aus dem Orient, welcher – anderes wüßte er nicht – dem Ganzen hier vielleicht einmal den Namen gegeben hat, sondern so wie heute auf dem Parkett. Da gab es dann die ersehnten Geschenke in Form von Spielzeug, aber auch leckere Sachen, weit mehr, als das Christkind zu Hause unter den Baum zu legen vermochte, und die Augen der Kinder leuchteten. Josef Greinert und seine Frau hätten für solche Dinge etwas übrig gehabt, meint er noch. Und weiter, daß er sich ebenso gerne an den immer gut zwanzig Meter hohen, im Freien stehenden, mit elektrischen Glühbirnen versehenen Weihnachtsbaum erinnere, den ersten zumindest im Erlauftal. Heute sei solches ja nichts Besonderes mehr ... aber damals?

Ich bin froh, auf diese Weise auch etwas aus jener Zeit zu erfahren, da es noch nicht so kalt, leer und still in diesen Räumen war. Unten sei das übrige Jahr ihr Reich gewesen – der Park, die Bäume. Das Indianer- und Fußballspiel, das Baden in der Erlauf wären im Sommer und das Schifahren auf den umliegenden Hängen im Winter ihre Lieblingsbeschäftigung gewesen. Nur der Aufenthalt am Werkskanal war stets für alle verboten. Kam ihm jemand dennoch zu nah, gab es für den Wagemutigen saftige Strafen.

Wo sie damals im Haus gewohnt hätten? Zusammen mit noch mehreren anderen Familien unten rechts von der Einfahrt in den Hof, dort, wo einst die Pferde des Töpper gestanden seien. In kleinen Ställen wäre auch Platz für Ziegen, Schweine und Hühner gewesen, eine Notwendigkeit bei den damaligen Verhältnissen. Leider, als 1955 in Italien das furchtbare Autounglück mit den Herrschaften und zweien ihrer Kinder passierte, brach nicht nur für deren Hinterbliebene eine Welt zusammen, auch die seine änderte sich. Das Christkind kam von da an nur mehr zu Hause, und auch der große beleuchtete Weihnachtsbaum verschwand für immer.

Als er merkt, daß die kostbare Ausstattung mich von Mal zu Mal mehr beeindruckt, klärt er mich über die Gründe auf, die gegen Ende des 19. Jahrhunderts aus dem sicher viel einfacheren Töpperschen Haus dieses Schloß entstehen ließen. Eduard Musil, ein tüchtiger Geschäftsmann, der vielleicht auch einmal ein selbständiger Unternehmer sein wollte, erfüllte sich hier seinen Lebenswunsch. Er kaufte 1881 das niedergegangene Neubrucker Eisenwerk,

baute es zu einer Papierfabrik um und begann mit der Produktion von Spezialpapieren. Um bis in höchste Kreise hinauf Eindruck zu machen bzw. seine Kunden dann auch durch Einladungen bei Laune zu halten, scheute der solchem Prunk zugetane künftige Industrielle keine Kosten, holte sich die entsprechenden Fachleute und vollendete 1885 sein Vorhaben.

Unglaublich sei besonders die Qualität der Holzarbeiten, auch 120 Jahre später präsentierten sie sich in bestem Zustand. Da gebe es nicht die kleinsten Risse oder Unebenheiten, sogar die Oberflächen seien wie frisch lackiert. Während der Verlegung neuer elektrischer Leitungen habe man dahinter geschaut und sei beeindruckt gewesen. Schon allein deshalb sollte eine Erhaltung dieser Räume selbstverständlich sein. Nur, ohne sie auch einer sinnvollen zukünftigen Nutzung zuzuführen, ginge das halt kaum.

Durch eine Tapetentür geht es anschließend hinüber in den einst von den Herrschaften bewohnten Teil des Schlosses und zur Bärenstiege. Weniger des letzten, im Jahre 1910 in dieser Gegend erlegten und hier früher zur Schau gestellten Tieres sowie der anderen die Wände bedeckenden Jagdtrophäen

wegen sei sie ihm in Erinnerung. Vielmehr waren es die alten Waffen, Pistolen und Gewehre, welche ihnen als Kinder imponierten und die sogar im Spiel verwendet wurden. Auf meine Frage, wo diese heute alle seien, verweist er nur auf die Besitzerwechsel und die vielen seither vergangenen Jahre. Bis auf das Andreas Töpper und seine Frau Helene zeigende sogenannte Gründerbild, welches zum testamentarischen Bestandteil des Hauses gehöre, sei an beweglichem Gut heute kaum mehr etwas hier. Und letzteres auch nur mehr wie durch ein Wunder. Die Russen hätten den beiden zwar, was man noch deutlich sehen kann, in den Kopf geschossen, es sonst aber an Ort und Stelle belassen.

Gut zwei Stunden nachdem ich von meinem Begleiter eingelassen worden war, stehe ich mit diesem im Hof. Er müsse jetzt bald wieder an seine Arbeit. Doch wenn ich noch Fragen hätte ...

Geduldig noch dieses und jenes beantwortend, geht er mit mir durch die Einfahrt in den Park. Ob es besondere Besucher gegeben habe, damals, als er hier wohnte? Ereignisse, an die er sich noch erinnere?

Wie wenn er sich meiner Liebe zu Büchern bewußt gewesen wäre, erwähnt er Peter Handke. Dieser sei eines Tages mit einem der beiden Söhne des ehemaligen Besitzers Greinert hier gewesen, habe allerdings nur in die Blumenbeete geschaut, kein Wort mit ihm gesprochen und Neubruck auch bald wieder verlassen.

Und sonst? In den siebziger Jahren hätte es alle paar Monate eine Veranstaltung mit der Bezeichnung „Kunst am Kamin" drinnen im Speisesaal gegeben. Dann sei es ruhig geworden, er selbst sei ja auch ausgezogen und habe sich von da an nur mehr für Betriebliches interessiert.

Da die unmittelbar neben dem Schloß stehende Kapelle sichtbar wird, will ich von ihm zuletzt auch etwas über sie erfahren. Weit öfter hört und liest man nämlich, daß deren Restaurierung wesentlich dringlicher sei als die Erhaltung und Nutzbarmachung alles anderen. Warum also gerade dieses wirklich noch von Töpper stammende Relikt dem Verfall viel mehr ausgesetzt war? Gab es kein Interesse von privater, aber auch von öffentlicher Seite?

Der darauf Angesprochene weiß nur eines: Noch in den zwanziger Jahren ersetzte man die während des Ersten Weltkrieges eingeschmolzene Glocke durch eine neue. Dann, schon zu seiner Zeit, war die Kapelle einmal bis oben hin eingerüstet – man strich das Dach und besserte die ärgsten Schäden an der Fassade aus. Stets jedoch war sie versperrt, es wurde nie gelüftet, ja in der darunter befindlichen Gruft lagerte sogar der Wein. So verlor man nach und nach jegliches Interesse. Jetzt sei es soweit, daß alles bald in Trümmern liege. Vom Altar angefangen bis zu den Stühlen und der Einrichtung in der Sakristei. Auch die Glocke sei nicht mehr zu bewegen, dabei gelte sie nur als „ausgesprungen". Würde sie irgendwann wieder läuten, wäre das auch für ihn ein Wunder.

Nicht ohne mir vorher noch durch eine Nebentür den Weg in ihr Inneres gezeigt zu haben, verläßt mich Rudolf Ramel aus Neubruck dann endgültig. Drinnen die Nässe, die Kälte, lediglich der Blick in die Kuppel läßt das zu ebener Erde Gesehene für kurze Zeit vergessen. Wie das auch einige Töne vermögen, die ich trotz allem noch der Orgel entlocke.

Ob sie deswegen so lange durchgehalten hat, um jenen Mut zu geben, die seit kurzem das Projekt „Töpperschloß und Kapelle" erneut auf ihre Fahnen geheftet haben?

Ich hoffe es. Dann wäre nichts umsonst gewesen. Die bei den zuständigen Stellen immer dringlicher werdenden Vorsprachen. Die Versuche, sich – wie zuletzt – durch gemeinsames Vorgehen im Rahmen des Kulturparks Eisenstraße-Ötscherland in Erinnerung zu rufen. Was immer in Ermangelung finan-

zieller Mittel zur Rettung dieses Juwels bisher geschah. Was in Zeitungen, Radio und Fernsehen über den besorgniserregenden Zustand von Schloß und Kapelle berichtet wurde, auch diese Geschichte. Vor allem jedoch, was schon Elisabeth Kraus-Kassegg in ihren Romanen tat. Nämlich das Gedenken an besondere einst hier lebende Menschen wachzuhalten, von den Amons über Josef Haberfelner bis hin zu Andreas Töpper.

Chronik des Hauses und seiner Besitzer

Am Anfang aller Aktivitäten des 1786 in Schwanberg/Steiermark geborenen Andreas Töpper in Niederösterreich steht im Jahre 1819 der Kauf des sogenannten Grießhammers am Jeßnitzbach in der Herrschaft Scheibbs

1820 Anstelle des stillgelegten, herabgekommenen Betriebes errichtet Andreas Töpper einen neuen Hammer sowie ein Walzwerk und ein Wohnhaus. Seine ihm 1811 angetraute Ehefrau Helene kommt aus der Steiermark nach, und als er trotz des massiven Widerstandes der Scheibbser Ratsherrschaft mit Hilfe seines Freundes und Gönners Erzherzog Johann den Bau eines Stauwehrs an der Erlauf durchsetzt, geht es bergauf. Gleich darauf erhält er ein Privileg für die Herstellung von Walzblech, und Kaiser Franz I. kommt auf dem Weg nach Lunz bei ihm vorbei. Es folgen der Umbau des alten Wohnhauses, die Anlage eines Parks sowie die Anpflanzung seltener Bäume

1822 Nachdem alles fertig ist, erhält er abermals kaiserlichen Besuch. Drei Jahre später stirbt, erst siebenjährig, Andreas, der einzige Sohn aus seiner Ehe.

1830 Da der alte Übergang über die Erlauf längst schadhaft geworden ist, gibt Andreas Töpper den Auftrag zur Errichtung einer neuen Brücke, was der kleinen Ansiedlung den Namen Neubruck verschafft. Aus religiösen, sicher jedoch auch aus repräsentativen Gründen und um sich und seiner Frau eine Grabstätte zu schaffen, baut er zwischen
seinem Haus und dem Walzwerk eine Kapelle, welche
1834 im Beisein von Erzherzog Johann eingeweiht wird. Als seine Frau
1858 stirbt, heiratet Andreas Töpper im Jahr darauf Amalia Höfling. Sie
schenkt ihm vier Töchter und den langersehnten Erben
1863 übersiedelt Andreas Töpper nach Scheibbs. Nach seinem Tod
1872 heiratet seine Witwe den Werkmeister Adolf Horst, und ab diesem
Zeitpunkt kommen Haus und Betrieb allmählich in fremde Hände
1881 Der Industrielle Eduard Musil, Edler von Mollenbruck,
erwirbt den gesamten Besitz und gestaltet bis
1885 das Haus Töppers in den heute schloßartig wirkenden Gebäude-
komplex um. Er beginnt hier eine Papierfabrikation, doch als er
sich anderen Interessen zuwendet, verkauft er
1907 an Dr. Fritz Hamburger. Dieser veräußert

1915 alles an Paul Ritter von Schoeller, welcher
1920 Gustav Ritter von Neufeldt-Schoeller zum Erben einsetzt. Schließlich werden
1926 Dr. Karl und Dr. Philipp Ritter von Neufeldt-Schoeller seine Nachfolger. Als der Betrieb 1949 durch einen Brand teilweise vernichtet wird, erwerben
1950 Josef und Erika Greinert den Besitz. Nach ihrem Tod 1955 wird der Betrieb von den Nachkommen fortgeführt und
1973 als Neubrucker Papierfabrik GesmbH u. Co neu registriert
1982 erfolgt die Eröffnung eines Ausgleichsverfahrens sowie
1983 der Anschlußkonkurs über das Vermögen der Eigentümer
1984 Haus und Werk werden von Alois Sonnberger gekauft. Beide sind seither unter der Bezeichnung Neubrucker Papierfabrik Alois Sonnberger GesmbH u. Co KG eingetragen

Töpperkapelle: Denkmalschutz seit 1994

Literatur

HOTTENROTH, HANS HAGEN (Hg.): In Memoriam – Bezirksheimatkunde Scheibbs. Andreas Töpper (1786–1872), Hammerherr. Eduard Musil, Edler von Mollenbruck (1882–1907 in Neubruck), Papierfabrikant. Josef Greinert (1899–1955), Ein Unternehmer in der Zeit des Wiederaufbaues nach 1945, Scheibbs 1984 – KRAUS-KASSEGG, ELISABETH: Andreas Töpper. Vom Nagelschmied zum Großindustriellen, 2. Auflage, Lunz 1998 – SONNLEITNER, BERTL: Eisenstraßen-Trilogie, 1. Auflage, Lunz 1998 – WAWRIK, FRIEDERIKE: Hammerherr Andreas Töpper (1786–1872). Leben und Werk. In: „Unsere Heimat", Jahrgang 1952, Heft 3 und 4

Zu den Bildern

Befaßt man sich näher mit der Geschichte des Sensenschmiedewesens in Österreich, stößt man immer wieder auf die bereits im Jahre 1550 in Kirchdorf an der Krems nachweisbaren Zeitlinger. Diese werden vorwiegend in Oberösterreich zum Inbegriff damaligen Unternehmertums, treten jedoch auch in anderen Gegenden auf und verdienen wahrscheinlich am ehesten den heute vielfach taxfrei auch einst weit weniger Begüterten verliehenen Titel „Schwarze Grafen".

Obwohl im Laufe der Zeit mit vielen anderen Gewerkenfamilien, zum Beispiel den Pießlinger oder Weinmeister, durch Heirat verbunden, bleiben sie möglichst unter sich, errichten eine über elf Generationen zurückreichende Dynastie und sind maßgeblich am Erfolg der seit dem späten 16. Jahrhundert zu einer der wichtigsten heimischen Exportbranchen aufsteigenden Sensenindustrie beteiligt. Wahrscheinlich ist es gerade dieser verwandtschaftliche Zusammenhalt, der sie auch schwere Zeiten überdauern läßt, ihre Selbständigkeit garantiert und nicht, wie etwa in Niederösterreich, ihre Betriebe dem Einfluß fremder, lediglich auf ihren Gewinn bedachter Geldgeber ausliefert.

Johann Michael Zeitlinger, eines von elf Kindern des am Sensenwerk „Blumau" nördlich von Kirchdorf seit 1827 am väterlichen Besitz angeschriebenen Michl Zeitlinger, heiratet 1853 Anna Rosalia Heiß. Als Meistersohn, der zu Hause wohl das Handwerk erlernt hat, sich aber wegen der von der Innung festgelegten Höchstzahl der Betriebe nicht selbständig machen kann, zieht er im Jahre 1867 mit seiner Familie nach Kindberg in der Steiermark. Dort kauft er den soeben in Konkurs gegangenen Sensenhammer des Josef Salmutter, betreibt diesen bis 1876, kehrt anschließend jedoch wieder nach Oberösterreich zurück und stirbt 1902.

Von seinen neun Kindern kommen Michael und Adam Zeitlinger in den achtziger Jahren des 19. Jahrhunderts nach Waidhofen. Nachdem ersterer noch im Betrieb seines Vaters das Handwerk erlernt und anschließend in Graz eine Handelsschule besucht hat, übernimmt er 1881 die Leitung des Winklerschen Sensenhammers. Sechs Jahre später pachtet er den Hammer „An der Gaisleithen", kauft ihn 1889 und vergrößert seinen Besitz 1894 durch den Erwerb des Walcherhammers. Es ist dies die Zeit des Verfalls der ehemals blühenden Kleineisenindustrie. Unter dem Einfluß der allgemeinen Wirtschaftskrise fehlen hier wie andernorts die Mittel, sich neuen Anforderungen und Bedürfnissen zu stellen. Große in- und ausländische Märkte gehen verloren, sodaß neben den vielen kleinen Betrieben, welche Eisenwaren erzeugen, im Gebiet von Waidhofen, Sonntagberg und Zell zusätzlich noch zehn Sensenwerke in Gefahr geraten. Mangelnde gewerbliche Bildung, das Festhalten an alten, überholten Methoden sowie das Fehlen geeigneter Maschinen sind nach Meinung von Fachleuten die Gründe.

Durch das 1869 erworbene eigene Statut erhält Waidhofen zusehends Verwaltungsaufgaben übertragen, die Betreiber von neuen Schulen und Ämtern verlangen zur Deckung ihres Bedarfes nach anderen als eisenverarbeitenden Gewerben, sodann der aufkeimende Tourismus – all das bewirkt eine starke Abnahme ehemaliger Produktionsstätten. Noch dazu bieten die seit 1872 expandierenden Böhlerwerke zusätzliche Arbeitsmöglichkeiten und besseren Lohn, sodaß es für die um ihre Existenz ringenden Schmiede sowie verwandten Berufe keine andere Möglichkeit gibt, als höheren Orts Hilfe zu suchen.

Hier ist es in erster Linie die Niederösterreichische Handels- und Gewerbekammer in Wien, welche beim k.k. Handelsministerium 1886 vorstellig wird und auf den bedrohlichen Rückgang der Kleineisenindustrie im Ybbstal hinweist. Gleichzeitig beschließt man, das bevorstehende vierzigjährige Regierungsjubiläum von Kaiser Franz Joseph zu würdigen, indem man selbst Hilfsmaßnahmen setzt, wobei für Waidhofen eine zu schaffende Lehrwerkstätte ins Auge gefaßt wird, um den gewerblichen Nachwuchs in technischer Hinsicht zu schulen. Ferner, den Meistern bei der Beschaffung günstiger Werkstoffe behilflich zu sein, junge, lernfähige Kräfte in das Ausland zu entsenden, die Ansiedlung von auswärts kommender Arbeiter im Inland zu fördern und nicht zuletzt auch kaufmännisches Wissen zu vermitteln. Zur Beschaffung von Kapital wird ein Komitee gebildet. Die neue Einrichtung erhält den Namen „Kaiser Franz Joseph-Stiftung zur Hebung der niederösterreichischen Kleineisenindustrie“ und beginnt im Herbst 1889 mit den Vorarbeiten.

In diesem Gremium hat Michael Zeitlinger Sitz und Stimme. Als Stadtrat ist er ein wichtiger Vermittler zwischen der Gemeinde und dem Komitee. Ob es um die Errichtung eines eigenen Elektrizitätswerkes geht oder um Angelegenheiten der inzwischen errichteten Lehrwerkstätte, überall weiß man seine auch auf Auslandsreisen erworbenen Kenntnisse zu schätzen, was letztlich in der Berufung zum Vizepräsidenten des Verbandes österreichischer Sensen-, Sichel- und Strohmesserindustrieller zum Ausdruck kommt.

Dieser im Ybbs- und Erlauftal auf eine lange Tradition zurückblickende Zweig der Eisenindustrie hält 1890 noch immer bei 16 Betrieben, und zumin-

dest bis 1900 ist er, rechnet man zwei aus der Zusammenlegung einiger alter Betriebe inzwischen entstandene Sensenfabriken mit ein, vom allgemeinen Abwärtstrend am wenigsten betroffen. In Waidhofen gibt es in der Wasservorstadt, dort, wo sich auch Michael Zeitlinger angesiedelt hat, noch sechs. Der gute Ruf, die sich weit nach Osten bis zum Balkan und den Vorderen Orient erstreckenden Absatzgebiete sowie eine noch immer händischer Arbeit gegenüber maschineller Produktion den Vorzug gebende Kundschaft sorgen dafür. Noch hofft man, und gerade als Michael Zeitlinger im Jahre 1902 stirbt, scheinen seine und der anderen Sensenschmiede Bemühungen nicht umsonst gewesen zu sein.

Adam Zeitlinger jedoch bleibt der endgültige Niedergang nicht erspart. Dieser, etwa ebensolang wie sein Bruder in Waidhofen, kauft sich 1892 am Eingang des Redtenbaches an und tritt in dessen Fußstapfen. Er übernimmt nach dem Ableben Michaels beide Betriebe, aber auch die Stelle im Kuratorium als Vertreter der Stadt. Jahrzehntelang ist er im Gemeinderat, wird Stadtrat, Vizebürgermeister und vorübergehend sogar Bürgermeister. Als 1908 der Versuch scheitert, die bisher traditionell organisierten Werke in einem Kartell zu vereinigen, und nach dem Ende des Ersten Weltkrieges durch den Verlust der gesamten Absatzgebiete der Monarchie der Verfall weitergeht, tritt der inzwischen auch Ehrenbürger gewordene Gewerke 1928 in den Ruhestand. Als einer der letzten, der alle Schritte im Produktionsvorgang einer Sense noch selbst auszuführen imstande ist, stirbt er 1934, hinterläßt seiner Frau das Haus und dessen weiteren Besitzern den Namen, bis im Jahre 1993 die Ära Zeitlinger in Waidhofen vollends zu Ende geht und lediglich die Erinnerung an sie bleibt.

Anton Rauscher schreibt im Jahre 1983 in den „Waidhofner Heimatblättern“ über die verbliebene Sensenschmiedherrlichkeit – und fast kommt ein wenig Wehmut darin auf. Er, als ein hier Aufgewachsener, geht von der Stadt das Tal entlang, erinnert sich seiner Kindheit, da allein am Schwarzbach noch drei Sensenwerke in Betrieb standen, die seither abgetragen oder anderen Bestimmungen zugeführt wurden. Vom unteren Bammerwerk erzählt er, dessen Gebäude zwar noch steht, heute aber jemand anderem gehört. Dann vom oberen Hammer, der dem Verkehr weichen mußte, und dem kleinen alten mit dem geschwungenen Giebel, der einst im Besitz der Reichenauer stand und den es noch gibt. Allerdings so nahe an der Straße, daß man auch darum schon bangen müsse. Er beschreibt das große Herrenhaus (heute Familie Jelinek) am Fuße des Buchenberges, dessen früher dazugehörendes Sägewerk

ebenfalls verschwunden ist, sowie ein steinernes Wegkreuz. Das Haus erinnert an die Blütezeit der hiesigen Sensenindustrie, das Kreuz an einen Schmied, der nach überstandener schwerer Krankheit dieses einst errichtet hat.

Daß der Gewerke Johann Bammer in den zwanziger Jahren an seinem Haus gleich am Beginn der Redtenbachstraße einen Turm anbauen ließ, weiß er ebenfalls. Und daß das nächste, schräg gegenüberliegende Haus in weitem Umkreis eines der schönsten ist, es durch Erbfall in verständnisvolle Hände kam und nach wie vor den Namen Zeitlinger trägt. Auch nach Adam Zeitlinger sowie dessen 1916 in Galizien gefallenem Sohn und den sportlichen Töchtern, die heute als die Entdeckerinnen des Schigebietes am Schnabelberg gelten, der ja vor ihrer Haustür lag.

Weiterwandernd bemerkt er, wie der Neubau der Straße alles verändert hat, viele alte Häuser verschwunden sind und die früher über Wehranlagen und Fluder herabstürzenden, heute jedoch in ein enges Bett gezwängten Wasser niemanden mehr verleiten, auch nur einen Augenblick stille zu stehn. Er sieht das noch im Familienbesitz verbliebene Winklersche Herrenhaus, weiter oben die ehemals dazugehörenden Anlagen, das Personalhaus, letztere alle bereits verkauft und anderen Zwecken dienend.

Es folgen Plätze, an denen einst weitere Hämmer standen. Jener der Hubinger, das untere Werk der Zeitlinger. Einen Betrieb der Gewerken-Dynastie der Schröckenfuchs erwähnt er, dann das obere Werk der Zeitlinger. Alles nur noch in der Erinnerung vorhanden – es gibt sie fünfzig und mehr Jahre nach ihrer Stillegung nicht mehr.

Dort, wo infolge der immer geringer werdenden Wasserkraft auch die Sensenwerke aufhörten, endet der Gang Rauschers. Nicht ohne vorher noch, als er am ehemaligen Herrenhaus eines der Reichenauer, dem heutigen Reichenauerhof, vorbeikommt, anzumerken, daß die Letzten dieser Familie ob ihrer wirtschaftlichen Bedeutung für Waidhofen sogar in den Adelsstand erhoben worden sind.

Dann wendet er sich zurück in die Stadt. Denkt an Begebenheiten aus seiner Kindheit, an die Schulzeit, als er selbst miterlebte, wie ein Hammerwerk nach dem anderen verschwand. Wie es still wurde am Bach. Und wie schön es ist, anderen wenigstens davon erzählen zu können.

Fast zwanzig Jahre später blicke ich von der Höhe des Michael-Zeitlinger-Steiges auf das Treiben im Tal hinab. Neue Häuser, neue Betriebe, in den Schilderungen Rauschers noch Vorhandenes für immer dahin. Wie er, der 1994 ebenfalls das Zeitliche gesegnet hat und heimgegangen ist.

Für meinen kurz darauf angekündigten Besuch bei den neuen Besitzern des Hauses Zeitlinger habe ich mir vorgenommen, auf die sonst üblichen Fragen zu verzichten. Wie alt das und jenes sei, was von ihnen stamme oder schon immer hierhergehört habe und ähnliches. Zu oft ist alles anders gekommen, zu oft haben die Häuser selbst ihre Geschichte erzählt: Wie es sich heute lebt in ihren Mauern, aber auch von der fast unheimlichen Stille, wenn sie etwa zu Museen geworden sind. Es wird wieder so sein, denke ich bei mir, genieße den Blick über die Stadt und stehe zur vereinbarten Zeit vor der Tür.

Heini, Olympia, Peter, Robert, Giorgia, Winfried, Emanuele, Matteo, Katharina, Susanne, Emilia – elf Namen auf einem Messingschild: die erste Überraschung. Vor die Wahl gestellt, entscheide ich mich für einen davon. Auf mein Läuten ertönt lautes Gebell, ich werde eingelassen.

Habe ich mich noch vor wenigen Minuten mit der zuweilen längst gewandelten Funktion solcher Häuser befaßt, hier springt mich das Leben geradezu an. Zwei Hunde, neugierig hinter einer Tür hervorlugende Kinderaugen, Stimmen, Lachen. Ich solle, gibt mir die Haushälterin zu verstehen, vorläufig

in die Stube gehen. Die Hausfrau sei im Hof, wisse aber bereits, daß ich hier sei, sie werde gleich kommen.

Ich bleibe jedoch, wo ich bin, und sehe mich um. An der gewölbten Decke massive, aus Eisen gefertigte Ringe, die vom Eingang über einen bis weit in das Innere verlaufenden Drahtzug zu betätigende Türglocke, Bilder an den Wänden und die im Licht eines von hier unsichtbaren Fensters matt glänzenden Stufen einer in das Obergeschoß führenden Stiege. Einzig die in anderen alten Häusern oft noch im Vorhaus sichtbaren großen, den Fußboden bedeckenden Steinplatten fehlen. Sonst wie fast überall: von hier zu beiden Seiten wegführende Türen und der Durchgang zum Hof.

Während erneut Kinderstimmen laut werden, betritt von dorther eine junge, großgewachsene Frau den Raum. Sie verstehe, meint sie, daß sich jemand für dieses Haus interessiere. Habe sie doch auch solche Sachen gern und freue sich, wenn jemand darüber schreibe.

Als ich ihr in der Stube gegenübersitze, gilt meine erste Frage dem Namensschild draußen an der Tür. Florenz, die Stadt, wo sie dieses gekauft hätten,

GENNAJO
Febbraio
MARZO
Aprile
MAGGIO
Giugno
Luglio
Agosto
Settembre
OTTOBRE
NOVEMBRE
DIÇEMBRE

kommt ins Spiel. Und Rom, woher sie stamme, wo sie geboren und wo nach wie vor ihre Familie zu Hause sei. Olympia, Giorgia, Emanuele, Matteo, Emilia. Plötzlich begreife ich, fällt mir, obwohl sie fließend Deutsch spricht, der italienische Akzent auf. Und später manches andere, das ihre südländische Herkunft verrät.

Doch schon der Blick nach oben an die Decke, deren Rüstbaum die Jahreszahl „1574" trägt, führt mich in heimische Gefilde zurück. Diese und der Kachelofen, erfahre ich, seien das einzige aus früherem Bestand. Alles andere sei von ihnen. Ihr Mann habe den schönen alten Flügel hereingestellt, und diese Art von Kommode – dabei zeigt sie auf ein ganz besonderes Möbel – sei ein Teil ihrer Kindheit. Wie oft fand sich gerade in ihm ein verloren geglaubtes Bildchen oder ein abhanden gekommenes Spielzeug. Nicht einmal auf italienisch benennen könne sie dieses, es seien einfach die vielen kleinen Laden, die es stets unverwechselbar und auch zu einem Lieblingsstück von ihr gemacht hätten.

Jetzt am Nachmittag scheint durch die beiden westseitig gelegenen Fenster die Sonne. Sie brauche sie so sehr, erklärt mir die Hausfrau das Fehlen der Vorhänge, welche ursprünglich sogar vorgesehen waren, dann aber doch im Schrank blieben. Im Winter mache es der Ofen gemütlich. Dieser sei jetzt – anstatt früher von der Küche aus – von hier beheizbar und trotz seines Alters innen noch wie neu. Nur der oberste Aufsatz fehle. Da sei möglicherweise eine Vase oder ein anderes Detail einer vielleicht noch wärmebedürftigeren Frau zum Opfer gefallen. Wie die Vorbesitzer erzählten, sei das Ganze vor Jahren explodiert, was sie sich nicht wünsche und heute wohl auch nicht mehr für möglich halte.

Nach links geht es durch eine der alten Mauern über zwei Stufen hinab in die ehemalige Küche der Zeitlinger. Auch hier wieder Deckengewölbe und tiefe Laibungen an den Fenstern, der Blick hinaus in den Hof. Jetzt ist sie das Speisezimmer der Familie. Ein der Form des Raumes angepaßter länglicher Tisch, Stühle in genügender Anzahl, wieder erfahre ich: Dieser Teil der Einrichtung sei von da, jener von dort und der ganz vorne von ihren Eltern. Dreimal am Tag sei hier etwas los, die Köchin von und zur heutigen Küche fleißig unterwegs und diese deshalb nicht weit. „Kommen Sie, zu dieser Tageszeit können auch Männer sie gefahrlos betreten", lacht meine Begleiterin. Betritt vor mir den nächsten Raum, öffnet kleine Schränkchen, weist auf dieses und jenes, zuletzt auf eine an der Wand befindliche Reihe von Tellern, welche schon ihrer Großmutter geschenkt worden seien und die jetzt eben ihr gehörten. Zwölf an der Zahl, auf italienisch jeweils die Monate des Jahres

bezeichnend, und wiederum ein Andenken an die Familie. Auch das Wasser des Hausbrunnens ist nicht versiegt. Es fließt noch immer in ein steinernes Becken wie vor Hunderten von Jahren.

Durch eine niedrige Tür geht es zurück in das Vorhaus und von dort in den gewölbten, nach Osten zu mit einem Fenster versehenen ebenerdig gelegenen Keller. Hier finden sich auch noch die großen alten Steinplatten am Boden, ebenso Stellagen und Vorrichtungen, die der Aufnahme von Körben, Flaschen, Dosen und Gläsern, von Früchten sowie verschiedenster in der Küche verwendeter Gewürze dienen. Hatte mein Interesse bisher meist Baulichem und Gegenständen gegolten, jetzt, angesichts dieser Dinge, nicht zuletzt aber wegen eines lauten „Mamma mia" der Hausfrau, welche eben die höchst notwendige Ergänzung einer ihrer selbstgemachten Marmeladen entdeckt, wird mir bewußt, daß es hier auch Leibliches zu entdecken gibt.

Ob sie, und wenn, was sie am liebsten koche, frage ich interessiert. Ja, das mache sie schon, koche dieses und jenes, auch ganz Bodenständiges. Manchmal Gulasch, dann Schweinsbraten und Knödel, dazwischen jedoch oft Gerichte aus ihrer Heimat. Und für die Kinder? Pasta, immer wieder Pasta. Mit verschiedenen Saucen und Zutaten. Davon könnten sie gar nicht genug bekommen.

Wilder Majoran, Melisse, Rosmarin; Safran, Pfeffer, Muskat, Zimt und Ingwer – es gäbe noch vieles über deren Verwendung zu fragen. Ich rieche nur mehr kurz an dem einen oder anderen, zerreibe zuletzt ein mir gänzlich unbekanntes Kräutlein zwischen den Fingern und verlasse mit ihr den Raum.

Ebenfalls im Erdgeschoß befindet sich das Gästezimmer. Den Erzählungen nach einst dem Geschäftlichen der jeweiligen Hausherren vorbehalten, sind im Gegensatz zur Stube dessen Decke und Rüstbaum weiß, beide aus irgendwelchen Gründen seit vielen Jahren verputzt. Als ich ein altes Kruzifix in Händen halte, über dessen Herkunft ein an der Rückseite angebrachter handgeschriebener Zettel Auskunft gibt, bin ich seltsam bewegt: „Es möge von Generation zu Generation weiterwandern" hat einer, der es 1967 in Ybbsitz erstanden hat, sich gewünscht. Und was heute wie eine Fügung scheint: Dessen Tochter heiratet sechs Jahre später in eben diese Familie wieder ein, er schenkt es ihr und gibt es auf diese Weise zurück.

Über die alte, an einer Seite mit einem Geländer aus Eisen versehene Stiege gelangen wir in den ersten Stock. Nach einem Fenster mit Blick in den Hof, führen Stufen weiter zu Zimmern mit Postern an den Wänden, aufgestellten Lautsprecherboxen, Bücherregalen und vielem, das eine andere Zeit erkennen läßt: Im Umfeld des Schlafbereichs der Eltern sind es die Mädchen, die hier untergebracht sind. Und in nur über eine knarrende, jeden noch so leise Heimkommenden verratende, weiter hinauf führende hölzerne Treppe zu erreichenden Räumen der männliche Nachwuchs. Bis unter das Dach ist das Haus bewohnt, bietet unten Platz für das Gemeinsame, die Familie, und hier die Möglichkeit, sich zurückzuziehen. Der westseitig größte Raum im Obergeschoß weist eine mit Stuck verzierte schöne Decke auf. Früher wurde er als Speisezimmer benutzt, erfahre ich, zumindest die letzten im Hause wohnenden Zeitlinger hätten hier bei besonderen Anlässen noch gegessen.

„Diese Bilder habe ich gerne", meint die Hausfrau und zeigt beim Hinuntergehen auf mir zuvor schon aufgefallene große, in moderner Malweise ausgeführte Aquarelle. Ein Künstler aus ihrer Familie habe sie gemacht, und sie freue sich immer, wenn sie diese sehe.

Wieder zu ebener Erde, gelangen wir durch eine alte, in Stein gerahmte Tür zuerst hinaus in den Hof, dann in den Garten. Sechs Jahre hätten sie gebraucht, diesen so zu gestalten, wie er früher war. Es sei mühsam gewesen, eine zugeschüttete Mauer freizulegen, die verwachsenen Wege erneut gangbar zu machen. Nun aber sei es bis auf weniges soweit, meint sie erleichtert.

Da mich Olympia Lietz wegen eines Hilferufes aus der Küche für einige Minuten allein läßt, habe ich Zeit, mich umzusehen. Im östlichen Teil eine weit über das Dach hinausragende Rotbuche, um deren mächtigen Stamm sich Efeu rankt, ein Teich und der Gemüsegarten. Auf der anderen Seite zwei noch mit alten Dachziegeln gedeckte Nebengebäude, dazwischen die Süd- und die Westfront des Hauses, bis oben mit wildem Wein und Blauregen überwuchert.

Für höchstens eine Stunde habe ich meinen Besuch angekündigt, jetzt dauert er bereits doppelt so lang. Während ich in die Küche gehe, um mich zu verabschieden, komme ich noch einmal am Keller vorbei. Dann an der Stube und dem Zimmer mit dem besonderen Kruzifix. Dinge, die von Rauschers Sensenschmiedherrlichkeit noch verblieben sind. Die, als sie jedesmal in verständnisvolle Hände kamen, restauriert und wieder schön wurden wie eh und je. Und die von all denen, die hier einmal aus und ein gegangen sind, erzählen. Einst von den Zeitlinger und heute eben von den Lietz.

Chronik des Hauses und seiner Besitzer

Erbauungsdatum unbekannt, jedoch vor 1500. Der Sensenhammer „Am Kalkofen in der Sommerau" befand sich vermutlich etwa 70 Meter vom Haus entfernt am Seebach, knapp vor der Einmündung des Redtenbaches. In ihm schlug man bis H. G. Wagner die „Semmel" und dann das „Rössl"

1591 Hannß Walsperger
Hanns Staudinger der Junger
1639 Blasi Reichenpfader, Maurer
1660 Heinrich Räßl, Segenschmied
Andre Räßl
Mathiaß Eder
Andre Edter
Nachfolgend kommen durch Kauf in den Besitz des Hauses
1708 Joseph Orttner
1714 Joseph Aigner
1729 Joseph Paul Kogler
1730 Lorenz Fuxbichler
1740 Abraham und Eva Maria Aigner, Sengschmid Maister
Der 1719 in die Meisterschaft aufgenommene Sensenhändler Hans Georg Wagner, welcher den Hammer besitzt, verpachtet diesen vorerst und übergibt ihn 1781 seinem Sohn. Ein Jahr später gehört diesem auch das Haus. Da dieses nun mehr als hundert Jahre im Besitz dieser Familie ist, findet sich auch die Bezeichnung „Wagnersches Haus" dafür
1782 Leopold Wagner. Er übergibt
1797 an seinen Sohn Maximilian Wagner, Sensenhändler und 1813 Zunftvorsteher. Sein ausgezeichneter Ruf bringt viele Gewerken von Kirchdorf bis Freistadt dazu, ihre Söhne bei ihm praktizieren zu lassen. Ebenso bildet er viele Meister aus. Nach ihm übernimmt
1822 seine Frau Cäcilia den Besitz. Es folgen
1846 Sohn und Schwiegertochter Franz und Barbara Wagner. Als deren Mann stirbt, heiratet sie einen Alois Maure. Das Unternehmen geht in Konkurs und wird 1858 von Karl Winkler von Forazest aus Wien erstanden. 1930 wird der Betrieb eingestellt. Das Haus geht
1860 an Franz und Anna Stummer. Es folgen durch Erbschaft
1860 sein Sohn Franz Stummer und durch dessen Heirat

1861 Franz und Maria Stummer sowie
1870 deren Tochter Maria Stummer. Durch Kauf erwerben das Haus
1892 Adam und Barbara Zeitlinger. In der Folge gehört es ab
1933 den Töchtern Marianne und Anna Zeitlinger
1971 Marianne Zeitlinger wird Alleinbesitzerin. Durch Erbschaft geht das Haus
1977 an Johann und Edith Zeitlinger
Kauf des Hauses
1993 durch Heinrich und Olympia Lietz

RICHTER, FRIEDRICH: Stadtarchiv Waidhofen an der Ybbs. Ergänzt durch Daten aus der nachstehend angeführten Literatur

„Kulturdenkmal“ gemäß der Haager Konvention vom 14. Mai 1954 (Schutz von Kulturgut bei bewaffneten Konflikten)

Literatur

BACHINGER, KARL: Der Niedergang der Kleineisenindustrie in der niederösterreichischen Eisenwurzen (1850–1914), phil. Diss. Wien 1968, Druck 1972 – KATALOG OÖ. Sensenschmiedemuseum Micheldorf, Linz o. J. – RAUSCHER, ANTON: Erinnerungen an die Zeit der Sensenerzeugung in Waidhofen an der Ybbs. In: „Waidhofner Heimatblätter" 1976, 2. Jahrgang, Seite 36; Was blieb von der Waidhofner Sensenschmied-Herrlichkeit? In: „Waidhofner Heimatblätter" 1983, 9. Jahrgang, Seite 13 – RICHTER, FRIEDRICH: Ehrenbürger der Stadt Waidhofen an der Ybbs. In: „Waidhofner Heimatblätter" 1986, 12. Jahrgang, Seite 55 – RICHTER, FRIEDRICH / SETTELE, MATTHIAS / SOBOTKA, WOLFGANG / ZAMBAL, WALTER: 800 Jahre Waidhofen an der Ybbs, Waidhofen 1986 – SCHERBAUM, HUGO: Rückgang und Hebung der Kleineisenindustrie von Waidhofen an der Ybbs und Ybbsitz, Waidhofen 1908 – SCHRÖCKENFUX, FRANZ: Geschichte der österreichischen Sensenwerke und ihrer Besitzer, Linz–Achern 1975 – ZEITLINGER, MICHAEL: Die Sensen-Industrie Österreichs. In: Die Groß-Industrie Österreichs. Festgabe zum fünfzigsten Regierungs-Jubiläum Kaiser Franz Joseph I., Wien 1898

Zu den Bildern

Seite 100	Schlößchenartiges Herrenhaus, im Baukern 17. Jahrhundert. Lisenengliederung, die Wandflächen in Rieselputz. Erneuerung des Dachgeschoßes im Jahre 1993
Seite 103	Vorhaus mit Durchblick in den Hof
Seite 105	Das Gästezimmer des Hauses. Im Hintergrund das besondere, im Text erwähnte Kruzifix
Seite 107	Rechtsseitiges ebenerdiges Wohnzimmer: Die alte „Zeitlinger-Stube" mit originalem Kachelofen und alter Tramdecke
Seite 108	Massiver Trambaum mit der Jahreszahl 1574 in demselben
Seite 109	Detail aus der Küche. Alte, den Jahreszyklus darstellende italienische Wandteller
Seite 111	Fenster an der Rückseite des Hauses
Seite 114	Terrakottabüste im Garten

IN DER SCHMIEDLEITHEN BEI LEONSTEIN

Im Herbst, nach meinem Besuch in der Schmiedleithen, versuche ich, mir einen Überblick über die Familiengeschichte der dort heute noch lebenden Zeitlinger zu verschaffen. In einer mir zur Verfügung gestellten Mappe mit tagebuchartigen Aufzeichnungen von Ludwig Zeitlinger, dem bereits fünften Träger dieses Namens auf dem Haus, seiner beiden Frauen, Briefen von dessen Sohn Rudolf und anderen Dingen finde ich ganz am Schluß die Nachricht vom Tod einer Hertha Maria Lex, geb. Decker, verstorben im Jänner 2000 in Klagenfurt, samt einem Schreiben an eine Freundin, in dem sie noch deren Wunsch erfüllt und von ihren Vorfahren erzählt.

Die Mutter Maria sei neben Rosa und Gottlieb das dritte Kind der Rosina und des Ludwig Zeitlinger gewesen. Aufgewachsen in eben diesem kleinen Seitenarm des Steyrtales, in dem Gottlieb Hierzenberger, der Großonkel des letzteren, trotz zweier Ehen kinderlos geblieben war und gerade seine beiden Sensenwerke Furth und Schmiedleithen dem Neffen aus der Blumau übergeben hatte.

Damals war auch das Rußlandgeschäft noch groß gewesen, auch das mit den baltischen Staaten. Maria sowie ihre Geschwister wurden von Gouvernanten erzogen. Später sprach sie perfekt Französisch, und ihre Schwester führte die russische Handelskorrespondenz. Sie selbst, so steht es in dem Brief, erinnere sich noch, mit der Mutter als Kind an jedem Geburtstag des Großvaters mit dem Fiaker nach Leonstein gefahren zu sein und nachdem sie dort ein Gedicht aufgesagt hatte, ein Goldstück bekommen zu haben.

Dann fällt ein Name, den ich vorher schon unzählige Male gelesen habe – Rosina Weinmeister, der Mädchenname ihrer Großmutter. „Sie oder keine" hatte sich der junge Zeitlinger im August 1858 gesagt und schreibt sich zwei Jahre danach seine Gefühle vom Herzen. Als diese nämlich mit ihrer Schwester und in Begleitung einer Erzieherin auf dem Weg von Südtirol nach Hause in die Steiermark in Micheldorf Station macht, verliebt er sich Hals über Kopf in die Achtzehnjährige, erlebt in der Folge alle Höhen und Tiefen einer „großen Liebe", bis er Rosina im September 1862 heiratet. Dazwischen liegen viele Erinnerungen an geheime Treffen, etwa anläßlich von Besuchen der Familie bei den „Schmiedleithnern" oder im Hause ihrer Eltern in der Wasserleith.

Dieses in St. Marein bei Knittelfeld gelegene, vielleicht schönste und größte Anwesen des ganzen Murtales war bisher ihre Welt gewesen. Seit jener Gewerke Christof Weinmeister aus Micheldorf, Rosinas Vater, es 1845 von seinem gleichnamigen Onkel übernommen hatte, waren weitere Zukäufe getätigt worden, schließlich gehörten neben dem gutgehenden Sensenwerk sogar ein Schloß und 4.500 Joch Grund dazu. Jedes der 13 Kinder hatte sein Reitpferd, die Söhne besaßen eigene Jagdausrüstungen, und ausgefahren wurde überhaupt nur vierspännig – der Umzug ins Oberösterreichische bedeutete für das lebenslustige, jedoch auch kränkliche Mädchen eine große Umstellung.

Glücklich machte es sie, wenn es ihr in der Schmiedleithen wieder einmal zu eng war, zumindest Geschichten von früher erzählen zu können. Diese und jene von ihren Aufenthalten in Kurorten wie Gastein und Gleichenberg oder eine, die zwar nur überliefert war, aber durchaus zur Wasserleith paßte. Danach soll, als einmal einer ihrer ehemaligen Besitzer starb, die energische Witwe, der es an Freiern nicht fehlte, ihren zukünftigen Gemahl so ausgesucht haben, daß sie jedem, der sich um sie bewarb, wie zufällig einen Besen in den Weg legte. Viele ließen ihn liegen, manche stolperten sogar darüber. Nur obiger Verwandter Christof Weinmeister aus Spital am Pyhrn rief: „Schlampige Weiberwirtschaft!“, stellte ihn aber trotzdem neben die Tür. Die hinter einem Fenster die Szene beobachtende Frau sah es, schloß daraus auf seinen Charakter – und heiratete ihn.

Seine, Ludwigs, Aufgaben waren die eines angehenden Sensengewerken, anfangs im Furth und ab 1871 auch in der Schmiedleithen. Beiden Betrieben gemeinsam war die Lage am Klingelbach, dessen Wasser bei Unwettern bedrohlich werden konnte – so geschehen einige Jahre nach ihrer Ankunft: Sechzehn im ersteren Werk im Schmiedhaus schlafende Personen konnten sich nur mühsam retten; kurze Zeit später stürzte dieses in sich zusammen. Mehrere von ihnen wurden samt ihren Betten mitgerissen, trieben jedoch glücklicherweise in den ebenfalls schon überfluteten Hammer, wo sie sich festhalten und aus den dem Herrenhaus zugewandten Fenstern in Sicherheit bringen konnten.

Schließlich klammerten sich die einen, unten bis zu den Hüften im Wasser Stehenden, zusammen, die anderen flüchteten auf das Hammerdach. Als nach einer Stunde endlosen Wartens der Schornstein fiel, verloren sie auch dort ihren Halt, kletterten auf die andere Seite und rutschten über die nassen Bretter in den Fluder.

Im angrenzenden Herrenhaus war alles im ersten Stock versammelt: die Kinder, das Personal, einzelne Zufluchtsuchende, der um Ruhe und Übersicht bemühte Meister wie auch Rosina. „Den 29. Juli 1869“, schreibt sie in das damals schon von ihr fortgesetzte Tagebuch, „war das große Wasser im Furth, wo wir Todesangst ausstanden. Den 14. August zogen wir von dort aus, kamen

ins Prietal, wo es vor allem den Jüngsten recht behaglich war im großen Kinderzimmer."

Von nun an sind es ihre Gedanken, die sie dem Tagebuch anvertraut. Die Sorgen bezüglich ihrer Gesundheit, der wie in ihrer Jugend plötzlich wieder auftretenden Anfälle, aber auch das Glücksgefühl, nach acht Jahren der Abhängigkeit endlich selbständig zu sein. Hier, denn das ganz in der Nähe gelegene, seit 1866 ebenfalls Gottlieb Hierzenberger gehörende Sensenwerk war ja nur für ein Jahr als Heimstätte geplant. „Rosel und Gottlieb, beide noch im Furth geboren, wohlauf. Mariedl und Ludwig, sie mit zwei Jahren und zwei Monaten, er noch jünger, ebendort verstorben. Norberta schon im Prietal auf die Welt gekommen, das gleiche Leid", heißt es weiter.

Dann, bereits am Ziel ihrer Wünsche, wird es noch einmal eine Mariedl. Sie wird später, 1894, in Grünburg einen Josef Decker heiraten – die Mutter der Briefschreiberin. „Geboren den 8. September 1871 in der Schmiedleithen. Sieben Stunden waren Dr. Schiedermayr, der Bezirksarzt aus Kirchdorf, und Guggenheimer, ein Wundarzt, bei mir. Hebamme hatte ich keine. Das Mädchen wurde am nächsten Tag in Grünburg getauft. Taufpatin war meine Schwester Marie, da der bisher stets solches übernommene Vetter schon sehr elend und krank war im Prietal." Rosina Zeitlinger überlebt ihn auch nur um zwei Jahre. Als sie ein siebentes, schon totes Kind zur Welt bringt, verläßt die junge Frau am 31. Jänner 1873 ihren Ludwig für immer.

Ich blättere nachdenklich einige Seiten zurück, lese noch einmal ihre Worte, dann die seinen: „Heute redete ich mit dem Schmiedleithner, mich und Rosi in's Furth heiraten zu lassen. Er erfüllte meinen Wunsch. Du guter, guter Gott, wie dank ich Dir! Wie unendlich glücklich bin ich." Suche Trostvolles und übergehe bewußt das Leid. Seine Tochter hat es Jahre später aufgeschrieben, es war der Anfang einer neuen Zeit.

Zuvor jedoch setzt Ludwig Zeitlingers zweite Frau, die aus Kirchdorf stammende Maria, geb. Redtenbacher, die Aufzeichnungen fort. Sie, die stolze, sehr energische und reiche Kaufmannstochter, ist eifersüchtig auf die Schwester der Verstorbenen, die „Agonitzerin" Maria Weinmeister – so genannt nach dem in der Nähe gelegenen Sensenwerk, das ihr seit ein paar Jahren gehörte –, welche sich um den Schwager kümmert, die mutterlosen Kinder betreut und die er, Gerüchten zufolge, sowieso lieber geheiratet hätte.

Nachdem die Redtenbacher 1874 in die Schmiedleithen eingezogen ist, verbietet sie jeden Umgang mit der Verwandtschaft aus der Wasserleith und trifft damit besonders die dreijährige Maria. Sie darf weder die seit dem Tode ihres

Mannes zu ihrer Tochter in die Agonitz gezogene Großmutter noch Onkeln oder Tanten besuchen. Und kommt jemand zu ihr, hagelt es Vorwürfe, oder man findet im Tagebuch Eintragungen wie diese:

„26. Mai 1874. Kommen vom Freischießen in Waidhofen in der Schmiedleithen zwischen 4 und 5 Uhr an. Begegnen gerade beim Mühlhäusl und Hammerl die Agonitzerin, wie sie vom Besuch bei Mariedl heimfährt. Ist feuerrot. ... Mariedl ist ein ganz fettes Kind, aber recht scheu und sieht blaß aus, hat recht dünnes blondes Haar; wie mir vorkommt, ein mit Süßigkeiten verpatztes, kränkelndes Kind. Als ich sie zum ersten Mal im Dezember 1873 sah, hatte sie schon braune Zähne.“

Als im August 1875 Kirchtag in Leonstein ist und der Kutscher die Kinder mit Haflingern dorthin bringt, gibt es scheinbar wieder ein Treffen mit der Patin. Ja, diese dürfte die Abwesenheit der Redtenbacher sogar zu einem weiteren Affront genützt haben: „Erst anderen Tages erfuhr ich, daß mit den Kindern Besuch nach Schmiedleithen her gefahren ist, im Garten längere Zeit war etc. und nicht nur Tante Marie, sondern auch Onkel Franz.“

Ein Jahr später diese Eintragung: „Mariedl war am 31. August mit uns beim Hofwirt. Nachdem wir wegfuhren, fällt uns ein, daß wir sie, welche in einem Zimmer spielte, vergaßen. Ludwig wollte, daß sie der Kutscher holte. Und als der zum Hofwirt kam, hat sie die Agonitzerin auch schon im Vorhaus gehabt."

Solche und ähnliche Bemerkungen werfen ein bezeichnendes Licht auf das Verhältnis der Stiefmutter zu den Kindern. Sie schließt ihre Eintragungen mit der Schilderung einer weiteren Flutkatastrophe am 9. September 1878: „Abends 7 Uhr, nachdem wir eben zu Nacht gegessen, ging ein Wolkenbruch nieder, der in Furth den halben Hammer, die große Hütte, den Fluder und vieles andere, wie auch in Schmiedleithen eine Menge Schaden anrichtete. Die Kinder waren ganz verzagt und weinten in ihrem Zimmer, wo sie natürlich bleiben mußten. Im Herrenhaus ging das Wasser bis über den dritten Stufen der Stiege."

Im Jahre 1928, nach dem Tod Maria Zeitlingers, kommen diese Aufzeichnungen in die Hände eben jenes Mariedls. Sie, die Mutter der eingangs erwähnten Hertha Maria Lex, setzt sich noch einmal mit jenen Dingen ausein-

ander, die ihr unvergeßlich sind: der Schmerz des Vaters am Grabe seiner erst 33 Jahre alten Frau, dessen neuerliche Bindung und ihr weiteres, von der Stiefmutter geprägtes Leben. Die Kindheit, die Jugend bis hin zu ihrer eigenen Hochzeit.

Berührend die immer deutlicher werdende Hinwendung zum Vater, die Liebe zur Natur und zu den Tieren. Erschreckend die Schilderung der Feindschaft ihrer Stiefmutter mit der „Agonitzerin", tröstlich das ungetrübte Glück beim Spiel. Spürbar so vieles, auch zwischen den Zeilen. Ein Dokument, das nicht von der Konjunktur oder den Absatzproblemen der Sensengewerken spricht, sondern von deren Familien. Das erzählt, wie es gewesen ist, als sie in der Schmiedleithen in einer Zeit auch des wirtschaftlichen Umbruchs aufwächst, wo sie sich von Anfang an behaupten muß und von wo sie nach 19 Jahren wieder wegzieht.

„An manche Begebenheit aus den Aufschreibungen meiner Stiefmutter erinnere ich mich noch heute sehr genau", beginnt sie. „Zum Beispiel an die Spaziergänge ins Wörth, wo Vater eine Sperre zum Ausbringen von Holzkohle gebaut hatte, die später die Steyr bei einem Hochwasser wieder fortriß. Wo mir das Suchen der vielen schön gefärbten Steine solche Freude machte und wo ich mir fest einbildete, mit offenem Mund die Fische viel besser schwimmen sehen zu können. An die Unterrichtsstunden, die mir der Vater erteilte: Wie ich ihm einmal, als wir in der Fibel zum Buchstaben W kamen, bei welchem ein Leiterwagen abgebildet war, freudig erregt sagte: ‚Vater, ich weiß schon, dieser da heißt Loa!'

Mit vier oder fünf Jahren spielte ich einmal im Garten beim Wasserbassin und wollte mit einem Holz Frösche herausfangen, während die Mutter und ihre Schwester auf einer Bank saßen. Plötzlich bekam ich das Übergewicht und fiel in das ziemlich tiefe Becken. Zum Glück war der Gärtner in der Nähe, der auf Mutters Hilfeschrei hineinsprang und mich herauszog. – Sehr gerne ging ich mit Vater in die Pflanzschule, wo er Bäumchen zum Aussetzen in der Hasel, einer großen Alm und Eigenjagd in Steyerling, zog. Auch selbst hatte ich ein Pflanzenbeet, das mir viel Freude machte und wo mir die Bäumchen trotz allen Ausreißens und wieder Einsetzens merkwürdigerweise recht schön gediehen.

Auch im Büchsenkammerl saß ich mit Vorliebe bei meinem Vater, wenn er mit seinen Gewehren hantierte, Patronen lud, Kugeln schmierte etc. Als ich 14 Jahre alt war, verkaufte er die Hasel an Fürst Starhemberg um hunderttausend Gulden. Das war damals viel Geld. Doch der Fürst, der zuerst mit dem Kauf noch zögerte und handeln wollte, hat sich dazu rasch entschlossen, als der Vater bei einer Jagd auf einem Stand neun Gemsen schoß.

Wir haben recht geweint um die Hasel. Ein Trost war uns, daß wir nun nicht mehr so viel Gemsfleisch essen mußten, das uns schrecklich zuwider war und nur Vater angeblich gerne mochte.

Am glücklichsten und fröhlichsten war ich in der Schule in Leonstein. Das Essen wurde uns in der Mittagspause zum Fleischhauer Rabuse nachgebracht, wo wir aber meist nicht viel aßen, sondern Fleisch und Mehlspeise gegen schwarzes Brot und Äpfel der Bauernkinder eintauschten, was uns weitaus besser schmeckte. Zu unserem Leidwesen mußten wir immer in die Schule fahren, da kam es oft vor, daß wir den Wagen mit anderen Schülern anfüllten und selbst hinten nach liefen. Das war viel lustiger.

Unvergeßlich sind mir auch die Fahrten nach Kirchdorf und Blumau zu den Großmüttern. Bei der einen, der Mutter von Vaters zweiter Frau, erwartete uns zum Gabelfrühstück immer eine Fuhre Krennwürstel, von denen ich einmal soviel zu mir nahm, daß mir dann jahrelang davor ekelte. Nachmittags, bei der anderen, richtigen, gab es zur Jause Schüsseln voll Biskotten, Zimtbögen,

Kirschenkuchen und gewässerten Wein für uns Kinder. Sie war von ihrem 60. Lebensjahr an blind. Wenn das Bitt-Dank, welches wir bei jedem Stück, das wir nahmen, ertönen ließen, verstummte, sagte sie: ‚So gebt's doch den armen Kindern was zum Essen, sie haben ja nichts.' Worauf von neuem aufgetragen wurde. Wenn gar nichts mehr ging, empfahlen wir uns und liefen zu den Schaukeln oder in den Rehgarten, wo es immer zahme Tiere gab."

Dann erwähnt Maria Decker die beiden großen Wolkenbrüche, jenen schon bekannten von 1878 und den nächsten im Jahre 1885. „Damals wurde auch das neue Haus gebaut und im Herbst 1886 bezogen. So sehr wir uns darüber freuten, wir konnten die ersten Nächte nur schlecht schlafen. Das laute Hämmern und das Rauschen des Wassers, das uns bis dahin immer wie ein Wiegenlied geklungen hatte, fehlte uns."

Mit 16 Jahren darf sie nach vielem Bitten auf ihren ersten Ball. „Ohne daß ich je tanzen gelernt hatte. Aber ich konnte es schnell, auch Tänzer gab es genug. Die vielen Cousins aus der Blumau, aus Micheldorf, von Molln und Steyerling sorgten schon dafür, daß ich mich prächtig unterhielt."

Im Jahre 1890 heiratet ihre Schwester Rosa den jüngsten Bruder ihrer Stiefmutter und späteren Chemieprofessor Ludwig Redtenbacher. Kurz nach der Hochzeit, die daheim gefeiert wird, brennt nachts der Kohlbarren ab. Trotz der entsetzlichen Gefahr für die ganze Schmiedleithen kann jedoch ein Übergreifen des Feuers verhindert werden. Was jedoch nicht erlischt, ist die Feindschaft der Stiefmutter mit der „Agonitzerin". „Tante Marie, die Schwester meiner verstorbenen Mutter, die mich sowie Rosa und Gottlieb pflegte und uns unendlich lieb hatte, wurde im ganzen Ort ob ihrer Herzensgüte verehrt. Nur von einer wurde diese Seele mit denkbar größter Leidenschaft gehaßt. Wir durften nie in ihre Nähe, und ihr Name oder der ihrer Geschwister wurden nur in abträglichster Weise genannt. – Mein Bruder Gottlieb hat unter diesen Verhältnissen am allermeisten gelitten, weil er sich am wenigsten beugen wollte."

Für diesen gibt es zusätzlich den jahrelangen Kampf um seine geliebte Luise. Obwohl fleißig und brav, wenn auch ohne Vermögen, mag die Mutter das Mädchen nicht. Erst der Vater macht 1892 diesem unwürdigen Spiel ein Ende, kauft seinem Sohn ein Sensenwerk bei Windischgarsten und ermöglicht so die Heirat.

„Für mich kam nach Beendigung der Volksschule die Gouvernantenzeit", beginnen die letzten Zeilen. „Von meinem 14. Lebensjahr an mußte ich mich nach den Unterrichtsstunden möglichst viel in der Wirtschaft betätigen, nebst Flicken und Handarbeiten. Mit 18 Jahren sollte ich einen Sensengewerken heiraten und mit 21 Jahren einen reichen Kaufmann in Wels. Aber ich konnte mich nicht entschließen, wartete noch zu und fand schließlich den Mann, den ich liebte."

Müde geworden von den vielen Ereignissen und Namen, lehne ich mich zurück. Gehe in Gedanken Verschiedenes noch einmal durch und stelle mir Fragen. Der frühe Tod von Rosina, ihre von Jugend an immer wiederkehrenden Anfälle. War es dieselbe Krankheit gewesen, an der auch vier ihrer Kinder starben?

Gab der alte, einer Andeutung zufolge allzu viel für die Zwanzigjährige empfindende, zurückgewiesene und seither reservierte Schmiedleithner nur deshalb seine Zustimmung zur Heirat ins Furth, weil sie von Ludwig ein Kind erwartete? Und was wurde aus der scheinbar nie enden wollenden Feindschaft mit den Weinmeister aus der Wasserleith? Fragen auch bezüglich der Erben. Was wurde eigentlich aus ihnen? Hat sich hier wieder nur die zweite Frau durchgesetzt?

Teils gibt das Tagebuch darüber Auskunft, teils muß ich anderweitig suchen. Als im Jahre 1899 die Agonitz durch ein furchtbares Hochwasser zum Großteil zerstört wird und Ludwig Zeitlinger seine Hilfe beim Wiederaufbau anbietet, kommt es zur Versöhnung zwischen den Familien.

Hanna, die um drei Jahre jüngere Stiefschwester, geht mit Mariedl noch zur Schule, nach 1914 erledigt sie, zusammen mit ihrem Bruder Josef, die kaufmännischen Dinge in der Schmiedleithen.

Dieser in den frühen Aufzeichnungen als besonderer Liebhaber von Gefrorenem aufscheinende „Pepperl" leitet später die Land- und Forstwirtschaft, ist aber auch ein begeisterter Forscher in allen Bereichen der Natur. Er verfaßt eine Reihe von wissenschaftlichen Abhandlungen, als deren bedeutendste die grundlegende Arbeit „Sensen, Sensenschmiede und ihre Technik" gelten kann, ist Konsulent der oberösterreichischen Landesregierung, Gründer des Sensenmuseums in Steyr und zeitlebens ein überaus angesehener Vertreter seines Standes.

Höchst interessant darin die Einschätzung der zu seiner Zeit tatsächlichen finanziellen Verhältnisse dieser heute so gerne als „Schwarze Grafen" titulierten Mitglieder der Kirchdorf-Micheldorfer Zunft:

„Über den Reichtum einzelner Sensengewerken hat die Tradition märchenhafte Berichte überliefert, die aber einer genauen Prüfung in den seltensten Fällen wirklich standhalten. Die Inventare dieser Zeit deuten wohl auf eine bedeutend bessere Lebenshaltung, als sie noch ein Jahrhundert vorher üblich war, aber diese, ebenso wie die ausgewiesenen Barmittel gehen kaum über das Maß dessen hinaus, was zur gleichen Zeit in bürgerlichen Familien der Städte üblich war. Die umlaufenden phantastischen Berichte waren offenkundig aus der Perspektive der gleichzeitigen, wirklich armen Landbevölkerung gesehen, in deren Gesichtskreis eben die Sensenschmiedemeister weitaus die Wohlhabendsten waren.

Auch eine gewisse Großzügigkeit, mit welcher mancher Sensengewerke seine Umgebung an dem Ertrag guter Jahre teilhaben ließ, mag zu diesem Nimbus des immensen Reichtums beigetragen haben. War es doch nichts Seltenes, daß z. B. irgend ein mit Glücksgütern wenig Gesegneter in so ein Sensenschmiedhaus zu Besuch kam und Wochen, Monate, ja Jahre als Gast dort verblieb.

Die Ansammlung übergroßer Vermögen wurde schon durch die traditionelle Kinderzahl verhindert, welche sich meist um das Dutzend oder darüber bewegte. Bemerkenswert ist auch der fast vollständige Mangel besonderer kaufmännischer Talente unter den Sensenschmieden. Angesammelte Kapitalien

wurden häufig benachbarten Klöstern oder Herrschaften gegen Zinsen überlassen, zur Verbesserung der Werke, zur Errichtung schöner Wohnhäuser, allenfalls auch zum Ankauf von Wald- und Grundbesitz verwendet, in verhältnismäßig geringem Maße auch zu Gastereien für sich und ihre Arbeiter. Es fiel aber keinem ein, etwa nach Art der Kaufherren der Städte mit dem Kapital zu arbeiten, Handelsunternehmungen zu gründen oder dergleichen. Daran mag wohl auch der Umstand mitgewirkt haben, daß sie eben durch Besitz und Beruf auf dem Lande, meist in abgelegener Gegend festgehalten waren.

Die Herstellung vorzüglichster Sensen blieb da ihr größter Ehrgeiz. Wird doch von einem Prietaler Josef Weinmeister in Leonstein erzählt, er habe einst einige tausend breite polnische Sensen anfertigen lassen und diese seien so tadellos und schön ausgefallen, daß er sie gar nicht verkaufen wollte! – Sie standen in Fässern wohlverpackt in der trockenen Sensenhütte und alle Jahre wurden sie vom Besitzer einmal vorgenommen, mit Genugtuung betrachtet, sorglich geputzt und wieder aufgehoben. Ein unerbittliches Geschick hat diesem Idyll bald ein Ende bereitet."

Josef Zeitlinger wohnt bis zu seinem Tode 1969 im noch von Ludwig Zeitlinger senior erbauten Neuen Herrenhaus in der Schmiedleithen. Aus seiner ersten Ehe stammen zwei Kinder. Deren Mutter stirbt im Jahre 1921, die Nachfolgerin 1973.

Der Bruder Josefs, Ludwig Zeitlinger, lebt für immer als Privatgelehrter in Wien. Die jüngste Schwester, die spätere Konsulentin Hermine Kobler-Zeitlinger, ist nach ihrer Mutter Besitzerin des ehemaligen Sensenhammers Haindl in Micheldorf. Sie betreibt dort eine Pension, widmet sich der Pflege sensenschmiedischen Kulturgutes, insbesondere der Tracht, und arbeitet bis zu ihrem Lebensende im Jahre 1971 dafür.

Rudolf Zeitlinger, der letzte Besitzer des Sensenwerkes, führt bis zu dessen Stillegung im Jahre 1967 den Betrieb. Er heiratet 1909 und lebt mit seiner Frau Maria im Alten Herrenhaus. Da er dieses standesgemäß einrichten läßt, verschafft er Architekten, Bildhauern und Malern für mehrere Jahre Arbeit, sodaß einige von ihnen sogar vorübergehend dorthin übersiedeln. Seine Vorliebe gilt technischen Dingen. Er tritt am ehesten in die Fußstapfen seines Vaters, fährt mit einem Motorrad und ab 1919 bereits eines der ersten Automobile im Land, läßt Telefon, Waschmaschine und Fernseher installieren, sitzt gleicherweise aber auch noch mit 83 Jahren am Breithammer sowie bis zu seinem 94. Lebensjahr am Lenkrad. Mehrere Amerika-Aufenthalte bei einer seiner beiden Töchter lassen ihn in Briefen an die Daheimgebliebenen begeistert von Düsenantrieben, Autopiloten und der Weite des Landes berichten. Als er 1968 den Sohn Erich verliert und 1974 seine Frau, zieht er sich zurück. 1983 stirbt der eben 100 Jahre alt Gewordene – und mit ihm eine Epoche. Die wie keine andere zuvor von Zusammenhängen bestimmt war; innerhalb der Familien, aber auch von Gleichgesinnten ihres Faches. Wo von jeher Können, Wissen, Fleiß eine Rolle spielten. Und in der schließlich sogar der Tüchtigste nichts gegen den Fortschritt, die Maschine und den geänderten Bedarf auszurichten vermochte. In der Welt, in der Eisenwurzen genauso wie in der Schmiedleithen.

Chronik des Hauses und seiner Besitzer

1603 Sigmund Pfusterschmid. Der von Furth stammende und hier tätige Sensenschmied wird als Meister in die Kirchdorf-Micheldorfer Zunft aufgenommen

1627 Sein Neffe Mathias Pfusterschmid, ebenfalls von Furth, ehelicht dessen Tochter Katharina und wird sein Nachfolger

1661 Wolf Moser aus Micheldorf erwirbt den Besitz. Seine Frau Maria ist eine geborene Hierzenberger. Beide verkaufen

1671 an Tobias Zeitlinger aus Steyerling, welcher noch im gleichen Jahr Rosina Kaltenbrunner aus Micheldorf heiratet. Nach dem Tode des Vaters erbt

1713 deren Jüngster, Hans Georg Zeitlinger, die Schmiedleithen und nimmt Maria Elisabeth Plumauer aus Kirchdorf zur Frau. Von den Kindern folgt

1762 Caspar Jakob Zeitlinger nach, der Eva Susanna Kaltenbrunner aus Micheldorf heiratet. Als der Vater 1799 stirbt, wirtschaftet seine Witwe weiter und übergibt

1808 ihrem Sohn Johann Georg Zeitlinger Haus und Betrieb. Seine Frau wird Theresia Maderleitner aus Leonstein. Letztere vermählt sich nach dem Tode ihres Mannes

1810 mit Gottlieb Hierzenberger, stirbt jedoch ein Jahr später. Der Witwer heiratet Anna Maria Zeitlinger aus Molln. Nach seinem Ableben übernimmt

1871 Ludwig Zeitlinger Schmiedleithen sowie Furth. Er ist seit 1862 mit Rosalia Weinmeister vom Sensenwerk Wasserleith in der Steiermark verehelicht. Als er stirbt, erben drei seiner fünf aus der zweiten, 1874 mit Maria Redtenbacher aus Kirchdorf geschlossenen Ehe stammenden Kinder Rudolf, Josef und Johanna Zeitlinger

1914 den Besitz. Nach dem Tod von Johanna Zeitlinger erbt

1942 die Tochter Blanka Marschner deren Anteil, und

1964 erfolgt die Übergabe des Teiles von Rudolf an Erich Zeitlinger sowie jener Josefs an Dora Greiner. Helge Marschner folgt Blanka Marschner nach. Als Erich Zeitlinger stirbt, geht

1968 dessen Drittel an Giselheid und Christof Zeitlinger

1987 Durch Realteilung vom 27. September 1986 wird die Schmiedleithen auf drei Teile aufgeteilt, der Teil Altes Herrenhaus geht in den alleinigen Besitz von Christof Zeitlinger über

Beim Schloß Leonstein, das heute ein Jugendheim ist, beginnt der Themenwanderweg „Auf den Spuren der Schwarzen Grafen". Er verläuft den Rinnerbergerbach, früher auch Klingelbach genannt, aufwärts zu den Schauplätzen der auf den vorangegangenen Seiten erzählten Geschichte. Um bezüglich der immer wieder erwähnten Örtlichkeiten Klarheit zu schaffen, seien deren Namen, deren Lage sowie deren Besitzer kurz angeführt.
So existierten damals – von hinten im Tal bis zur Mündung des Wassers in die Steyr – noch drei Betriebe: Furth, Schmiedleithen und Prietal. Der sogenannte Lanzenhammer, einst zwischen den beiden letzteren gelegen, hatte nie eine besondere Rolle gespielt, wurde zwar auch zeitweise zur Sensenproduktion benützt, verschwand jedoch bereits im 17. Jahrhundert aus den Aufzeichnungen und dürfte bei der Einheirat Gottlieb Hierzenbergers auf der Schmiedleithen im Jahre 1810 längst aufgegeben gewesen sein. Die Agonitz, am Ufer der Steyr, ist im Nachfolgenden ebenso beschrieben, lediglich Näheres über das Sensenwerk Wasserleith in der Steiermark fehlt. Hier genügen jedoch die Angaben im Text selbst, um sich ein Bild davon zu machen.

FURTH – Im Jahre 1572 erstmals als Sensenhammer erwähnt. 1846 von Gottlieb Hierzenberger auf der Schmiedleithen im Lizitationsweg erworben, der ihn 1871 Ludwig Zeitlinger vermachte. Diente später nur mehr als Aushilfswerk und ist heute abgetragen.

SCHMIEDLEITHEN – Ursprünglich „Schmiede auf der Leithen", deren Eigentümer sowohl nach ihrem Familiennamen als auch die „Schmiedleithner" genannt wurden. In alten Urkunden auch als „Moserleithen" bezeichnet. Weitere Daten siehe „Chronik des Hauses und seiner Besitzer".

PRIETAL – Ehemals ein Zainhammer und eine Faustschmiede, dann eine Mühle und ab 1608 ein Breithammerwerk, errichtet von Georg Pfusterschmid. Namen wie Hierzenberger und Weinmeister bestimmten seine Geschichte, bis Gottlieb Hierzenberger von der Schmiedleithen nach Konkurs seines früheren Besitzers im Jahre 1866 den Betrieb erwarb. Dieser vererbte ihn 1870 seinem Neffen Franz Weinmeister von der Wasserleith, der das Gewerbe zurücklegte, die Baulichkeiten an seinen Schwager Ludwig Zeitlinger und die „Zeichen" seiner Schwester Maria in der Agonitz (siehe unten) verkaufte. Das Werk ist heute abgetragen.

AGONITZ – Das am weitesten von den oben erwähnten Betrieben entfernte, etwa zwei Kilometer südlich von Leonstein am Ufer der Steyr gelegene ehemalige Sägewerk wurde 1850 von Gottlieb Hierzenberger aus der Schmiedleithen in einen Zerrennhammer umgebaut. Zehn Jahre später konnten dort Sensen erzeugt werden, und von 1866 datiert der Kaufvertrag, laut welchem Maria Weinmeister von der Wasserleith den Besitz erwarb. 1871 scheint sie sogar als Erbin von Gottlieb Hierzenberger auf. Heute befindet sich dort ein Wasserkraftwerk.

Das Sensenwerk BLUMAU, im Text ebenfalls mehrfach erwähnt, befindet sich nördlich von Kirchdorf im oberen Kremstal. (Siehe auch das Kapitel: „Das Herrenhaus der Werkstatt am Gries in Micheldorf".)

Literatur

DECKER, MARIA geb. Zeitlinger: Aufzeichnungen 1873–1961 – LAND DER HÄMMER – HEIMAT EISENWURZEN. Katalog zur oberösterreichischen Landesausstellung, 1. Auflage, 1998 – SCHRÖCKENFUX, FRANZ: Geschichte der österreichischen Sensenwerke und ihrer Besitzer, Linz–Achern 1975 – VORDERWINKLER, FRANZ R.: Land der Hämmer – Pyhrn-Eisenwurzen, 1. Auflage, Steyr 1997 – WAGNER, FRANZ: Leonstein, Linz 1907 – ZEITLINGER, JOSEF: Sensen, Sensenschmiede und ihre Technik, Leonstein 1943; Der Sensenhammer im Steyrer Eisenmuseum, Leonstein o. J.; Der Schmiedleitnerbach in Leonstein. In: Jahrbuch des Oberösterreichischen Musealvereins 109 (1964), Seite 372–424 – ZEITLINGER, LUDWIG / ROSINA geb. Weinmeister / MARIA geb. Redtenbacher: Aufzeichnungen 1858–1881 – ZEITLINGER, RUDOLF: Briefe 1944–1969

Zu den Bildern

DAS HERRENHAUS DER WERKSTATT AM GRIES IN MICHELDORF

Es war im Februar 1993, als ich das erste Mal nach Micheldorf fuhr. Anlaß war die Vorstellung jenes Grobkonzeptes, das fünf Jahre später als thematische Grundlage für die dezentrale oberösterreichische Landesausstellung „Land der Hämmer – Heimat Eisenwurzen" dienen sollte. Ort der Veranstaltung war das ehemalige Sensenwerk Zeitlinger, wo neben den Spitzenvertretern des Landes auch viele derer teilnahmen, die es in monatelangen Beratungen gemeinsam mit der Bevölkerung dieser Region entwickelt, diskutiert und schließlich in die Endform gebracht hatten.

Als dieser kleine Ort im oberen Kremstal 1998 zu einem der Hauptanziehungspunkte jener großangelegten Schau wurde und sein aus fünf Einzelgebäuden bestehendes Sensenschmiedemuseum präsentierte, kam ich wieder, war beeindruckt und beschloß, mich irgendwann einmal näher damit zu befassen.

Einige Jahre vergingen. Mein Interesse konzentrierte sich weiterhin auf eher heimatliche Gefilde, das Thema „Sensen" spielte in meiner den Hacken-, Reifmesser- und Zeugschmieden zugewandten Welt keine große Rolle. Außer mehreren im Museum in Waidhofen an der Ybbs noch vorhandenen Schaustücken sowie einem neuerdings dort im Zentrum eines Kreisverkehrs aufgestellten Zainhammer gab es kaum mehr etwas, das daran erinnerte. Nur der Sichelhammer in Opponitz kündete davon, daß es in dieser Gegend früher auch noch anderes gab.

Dann, als ich mich auch im Kleinen Erlauftal nach Herrenhäusern umsah, besuchte ich Randegg und Gresten. Viel Neues kam auf mich zu – nicht zuletzt die Erkenntnis, jenem Zweig, der einstmals innerhalb des gesamten vom Steirischen Erzberg abhängigen Eisenwesens eine überragende Bedeutung hatte, bisher zuwenig Aufmerksamkeit geschenkt zu haben. Als ich dieses nachholte, wurde mir bewußt, daß etwa vom Beginn des 15. Jahrhunderts bis zur Mitte des 16. Jahrhunderts das Waidhofener Sensenschmiedehandwerk führend in ganz Österreich gewesen war und sich erst durch die Bevorzugung der Stadt Steyr eine Verlagerung des Ganzen in den Raum Kirchdorf-Micheldorf ergab.

Steyr, dessen landesfürstlicher Rang alles überwog. Zu dessen Gunsten die Niederösterreicher vom Roheisenhandel ausgeschlossen wurden bzw. diesen nur noch in bestimmten Gebieten ausüben durften. Jene Stadt an der Enns, die von da an zu einem übermächtigen Konkurrenten des Ybbs- und des Erlauftales aufstieg.

Weiters erfuhr ich, daß es gegen Ende des 16. Jahrhunderts die Umstellung auf den Wasserbreithammer war, die alles veränderte. Die aber auch jener großen finanziellen Mittel bedurfte, welche die vorher selbständigen Meister der Waidhofener Zunft in die Abhängigkeit von den Händlern trieb, sodaß bald keiner mehr einen eigenen Hammer besaß und sie gleichsam zu Handlangern des Geldes wurden. Auch, daß eben dieses in Oberösterreich nicht geschah, dort vermutlich eine Krise innerhalb der Steyrer Händlerschaft selbst es war, die solches verhinderte, möglicherweise aber auch die an anderer Stelle bereits angesprochenen verwandtschaftlichen Verbindungen sowie der Zusammenhalt der Familien untereinander.

Was wußte ich schon über derlei Dinge. Daß es außer der Waidhofener noch viele weitere, etwa eine Freistädter, eine Mattighofener, eine Kindberger Innung, ja gegen Ende des 18. Jahrhunderts in ganz Österreich zwölf solche gab, innerhalb derer 150 bis 160 Werkstätten arbeiteten. Und daß jede ihr eigenes Zeichen schlug.

Ich las von Zeiten, da nicht weniger als zehn Sensenhämmer von den Zeitlinger betrieben wurden. In denen in Waidhofen im günstigsten Fall vierzehn, in Kirchdorf-Micheldorf jedoch an die vierzig existierten. Damals, als sich die wirklichen „Schwarzen Grafen" ihre Häuser bauten, welche zumindest ebenso prächtig waren wie jene, die ich von daheim kannte. Warum also nicht auch nach diesen suchen, einmal über die Landesgrenzen schauen? Warum nicht auch Beispiele bürgerlichen Wohnens aus der übrigen Eisenwurzen zeigen?

Im Herbst 2000 ist es soweit. Ich fahre von der Ybbs hinüber an die Enns, genieße die Fahrt von Kastenreith flußabwärts durch das breite, in nordwestlicher Richtung verlaufende Tal und erinnere mich.

Weyer, das Zentrum. Der Innerberger Stadel, das Balgsetzerhaus. Großraming, Laussa und Losenstein, alles Orte, die 1998 ebenso an der Landesausstellung beteiligt waren wie etwa das mir bis dahin völlig unbekannte Trattenbach. Die kleine ehemalige Winkelschule in Brunnbach am Rande des Hintergebirges. Das Sensenwerk Sonnleithner im Laussatal, in dem nach wie vor geschmiedet wird und dessen Herrenhaus beeindruckt. Der Nagelschmiedweg hinein zum verträumten See des Kesselfalles. Die Feitelmacher nahe Ternberg – sie und viele andere haben mitgewirkt, haben die Eisenwurzen von neuem ins Bewußtsein der Öffentlichkeit gerückt. Weiter hinaus Garsten,

Steyr, bis Enns lud man Gäste zu sich und machte alles zu einem bisher noch nie dagewesenen Erfolg.

„Steinbach a. d. Steyr 10 km" – der Hinweis auf einer Tafel, von hier den Weg hinüber ins benachbarte Tal abkürzen zu können, beendet diese Nostalgie. Höchstens ein wenig Wehmut, nämlich damals nicht auch in Niederösterreich eine ebenso umfassende Präsentation seiner montan- und industriearchäologischen Schätze zugesprochen bekommen zu haben, klingt nach. Dann ist es die mir unbekannte und kurvige Strecke, welche auch diese Gedanken verdrängt. Hier wie dort gilt es nach vorne zu schauen. Trotz vieler Hoffnungen – jetzt, zwei Jahre danach, ist auch an der oberösterreichischen Eisenstraße der Alltag wieder eingekehrt.

Vom angekündigten, ebenfalls in die Landesausstellung eingebundenen einstigen Zentrum der Messerer und Klingenschmiede mit seinem Museum sowie dem prächtigen Alten Pfarrhof geht es nach links die Steyr aufwärts bis in die Gegend von Leonstein und Molln. Plötzlich tauchen die Namen der Zeitlinger wieder auf. Drinnen im Seitental die beiden Herrenhäuser, der

Hammer in der Schmiedleithen, allesamt Zeugnisse des Aufstiegs und Niedergangs ehemaliger Gewerken. Fast spüre ich sie ein zweites Mal, die bis zur Besuchergalerie sprühenden Funken, als einige Kilometer weiter einer der bekanntesten Schwertschmiede und Harnischmacher seine glühenden Eisen formt, höre den eigenartigen Klang der hier noch immer gefertigten und in alle Welt exportierten Maultrommeln. Fast bin ich wieder im „Museum im Dorf", anhand einer informativen Schau im Naturpark Kalkalpen. Sie kommen von neuem, die Erinnerungen, und würde mich nicht ein Hinweis auf die in Kürze bevorstehende Abzweigung ins Tal der Krems aufmerksam machen, wer weiß, wohin es mich vertragen hätte ...

So aber gilt ab jetzt nur mehr mein heutiges Ziel: das oberösterreichische Sensenschmiede-Ensemble in Micheldorf, der Gradnhammer und sein Herrenhaus. Ich weiß den Kustos auch außerhalb der normalen Öffnungszeiten anzutreffen und stehe zur vereinbarten Zeit vor der Tür.

Das einstöckige Gebäude mit den harmonischen Gaupen, die einen späteren Ausbau des Dachgeschoßes vermuten lassen, beeindruckt und zeugt mit seiner gegliederten Fassade und den schmiedeeisernen Fensterkörben schon rein äußerlich vom relativen Wohlstand seiner einstigen Bewohner. Wohl nicht allein „Durch Caspar Zeitlinger und Josepha Zeitlinger im Jahre 1829 erbaut", wie eine Inschrift besagt, sondern im Verlauf von mehreren Jahrhunderten zu dem geworden, was es heute ist, birgt es Dinge ursprünglich bäuerlicher Lebensweise, bis hin zu jener eigenen Kultur, deren Ausformungen sich im Wohnen und Wirtschaften, in der Kleidung, aber auch im Verhältnis der Menschen zueinander widerspiegeln. In diesem Haus wechselt Unternehmerisches und Privates, Zünftisches und Familiäres: Auf zwei Geschoßebenen findet sich, wie wohl kaum mehr anderswo, ein Rückblick in jene Zeit, in der das Kirchdorf-Micheldorfer Handwerk zu den angesehensten Berufen in Österreich zählte.

Gleichsam als Einstimmung präsentiert sich im Vorhaus, am Stiegenaufgang zu den oberen Räumen, ein in Schwarz und Gold gehaltenes klassizistisches Gitter. Mit Initialen, der Jahreszahl „1804" und jenem „Kelch mit Hostie", welcher als Meisterzeichen jahrhundertelang für die Qualität der hier erzeugten Sensen stand. Das von oben herabfallende Licht, der steinerne Türbogen – würde mein Begleiter nicht bereits nach rechts in den heute wegen der vielen darin ausgestellten Trophäen „Jagdstube" genannten Raum weisen, ich wäre schon jetzt versucht, zu photographieren.

So aber ist vorerst ein Rundgang geplant. Später, so wird mir versichert, hätte ich dafür immer noch Zeit.

1804
KSH
K H
1 8
0 4

Tiefe Fensternischen, über die Ecken verlaufende, hinten getäfelte Sitzreihen, hölzerne Bänke, Tische. Einer davon mit schwerer Schieferplatte, der andere zum Auftragen der Mahlzeit bestimmt. In Wirklichkeit die ehemalige Bauern- oder „Moarstube", in welcher die Hausleute zu Tische saßen, aber auch der Lohn ausbezahlt wurde – ein in der Wand noch vorhandener Tresor ist der Beweis dafür.

Während sich in diesem Raum die alte Holzdecke unter Putz verbirgt, ist die daran anschließende Küche gewölbt. Sie war zumindest zu den Essenszeiten von zentraler Bedeutung, und so wie das meiste außer Haus in den Verantwortungsbereich des Meisters fiel, regierte hierorts die Frau. Neben der Köchin gab es weiteres Personal, denn jeder – ob Geselle, Lehrling, Knecht oder Magd – mußte auch verköstigt werden. Man kannte Speisen für „heilige Zeiten": Rahmsuppe mit Rindfleisch, Schweins- oder Kalbsbraten, saures Schmalzkoch, Schinken, Zunge, aufgebessert durch ein Maß Bier oder einige Gläser Wein. An Werktagen dominierten Milch, Brot und saure Suppen das Frühstück, zu Mittag standen Leber- und Semmelknödel, Fleisch sowie Sauerkraut auf dem Plan. Des Abends schließlich Einbrennsuppe und Brennkoch mit Milch und Kraut.

Die Kost der in der Sensenerzeugung Tätigen unterschied sich zudem traditionsgemäß von jener anderer Arbeiter oder gar der Bauern. Während bei ersteren Fleisch oft mehrmals pro Woche auf den Tisch kam, blieb solches für letztere höchstens ein Sonntagsvergnügen. Ganz zu schweigen von „täglichen Jausenbrothen, Donnerstag abends zur Abwechslung abgeschmalzenen Nudeln und Samstag früh alle acht Tage Specksuppe", wie sie zum Beispiel der Speisezettel von Franz Zeitlinger vorsah.

Vorbei am blankgeputzten Sparherd, an Abstelltischen und mit Küchengeschirr gefüllten Ablagen und alten Kochbüchern geht es anschließend in die sogenannte „Vorkuchl", den Aufbewahrungsort der am häufigsten verwendeten Lebensmittel. Dann ein winziger Raum, die ehemalige Schlafstelle für das „Kuchlmensch", womit die dauernde Anwesenheit zumindest einer Person garantiert war. Auf diese Weise profitierten etwa überraschend eingetroffene Besucher sogar in der Nacht von der sprichwörtlichen Gastfreundschaft des Hauses.

Eine ganz wesentliche Bedeutung im Haushalt der Gewerken hatte die Aufbringung von Lebensmitteln und deren Bevorratung. Seit der Aufhebung der Widmung sowie vieler diesbezüglicher Vorschriften durch Kaiser Joseph II. war die Eigenvorsorge bei den Dingen des täglichen Bedarfes zur wichtigsten Voraussetzung funktionierenden Unternehmertums geworden, sodaß zu den

durchwegs auch schon früher bestehenden Anbauflächen neue hinzukamen. So kauften etwa Caspar und Josepha Zeitlinger 1827 in Micheldorf ein großes Almgebiet, und sie vermehrten ihren Besitz um Äcker und Wiesen, wobei ihnen ihre bäuerliche Herkunft auch im Verständnis, diese entsprechend zu bewirtschaften, entgegenkam. Im Gegensatz zu anderen ihres Faches, etwa den als Großunternehmer geltenden Sensenschmieden in der Steiermark, blieben sie Handwerker und Landwirte. „Hier", mein Begleiter weist auf ein gerahmtes Bild an der Wand, „ist die Aufnahme Caspar Zeitlingers als Mitglied in die k.k. Landwirtschaftsgesellschaft bezeugt, der anzugehören er sein Leben lang stolz war."

Die Jagd diente nicht nur der Versorgung, sondern auch dem Vergnügen und der Repräsentation. Besagte Hochfläche – nach der, dem Namen des Werkes folgend, im Volksmund sich für dessen Besitzer eingebürgerten Bezeichnung „Der Grad" auch Gradn-Alm genannt – war Treffpunkt bekannter Persönlichkeiten, von Baronen und Grafen oder, wie 1894, sogar des Thronfolgers Franz Ferdinand, jedoch ebenso beliebtes Ausflugsziel weit weniger

Prominenter. Daß sogar die jüngsten Zeitlinger dazugehörten, erfahre ich, als ich – neben Butterfässern, einem Spinnrad, Kuhglocken, Viehkämmen und Bildern – in der heute solchen Erinnerungen gewidmeten Schlafkammer auch einen mit Gurten versehenen kleinen Sessel näher betrachte: „Rückentrage zum Transport der Kinder auf die Gradn-Alm" steht auf dem Schild, ein Hinweis auf die damals wohl bequemste Art, dorthin zu gelangen.

Somit längst Themen wie Küche, Haushalt und Landwirtschaft verhaftet, bietet der nach hinten letzte Raum Entsprechendes: irdenes Geschirr, Flaschen, Sulzenmodel aus Kupfer, Buttermodel aus Holz, Schmalztöpfe, Krautfaßl, Rübenhachel, eine alte Waage mit den dazugehörenden Eisengewichten – kurzum alles, was für die Verköstigung unentbehrlich war.

Die offene Tür zum Innenhof nutzend, sind es dort aufgestellte Grabsteine und Tafeln, die meine Aufmerksamkeit erregen. Bekannte Namen der Zeitlinger scheinen auf, Geburts- und Sterbedaten hier einst Lebender werden aus der Fülle geschichtlicher Aufzeichnungen wieder zu Schicksalen, ich lese, finde Neues – und wende mich schließlich erst recht der Vergangenheit zu.

Es sind andere Dinge, die, als wir in den seit der Zeit der Landesausstellung umfunktionierten gegenüberliegenden ehemaligen Pferdestall kommen, von der Vergangenheit erzählen. Zum Beispiel drei Stammbäume, welche das dichte Netz der familiären Beziehungen einzelner Gewerkendynastien, etwa der Pießlinger, der Weinmeister, mit jener des Hauses anschaulich machen. Und es sind die vielen von Franz Xaver Bobleter, dem bevorzugten Maler Caspar Zeitlingers geschaffenen Portraits, die mich faszinieren.

Der nun einmal eingeschlagenen Richtung folgend, betreten wir die früher kaufmännisch genutzten Räume des Hauses. Die einstige Kanzlei, ausgestattet mit Stehpult, hohem Registraturschrank und einem Ofen aus Mariazeller Eisenguß sowie in der Mitte mit einer Vitrine, in der noch Schreibzeug, Stempel und Geschäftspapiere aufbewahrt sind. Dann das Kontor, das ehemalige finanzielle Zentrum des Betriebes. Zwei Gemälde, Rechnungsbücher, Kundenkarteien, Archivmaterial, ein Biedermeiersekretär; zusammen mit weiteren Einrichtungsstücken ebenso ein Beispiel fortschrittlichen Denkens und des Bemühens um wirtschaftlichen Erfolg.

Ob ich hier im Vorhaus, wieder am Ausgangspunkt unseres Rundganges angelangt, unterbrechen möchte oder doch gleich auch ins Obergeschoß gehen wolle? Werner Gaul, mein Führer durch das Museum, stellt es mir anheim. Gar zu einladend scheint die Sonne durch die Eingangstür, lockt die Bank draußen vor der Kram.

Aufziehende Wolken machen mir die Entscheidung leichter. Wenn er noch Zeit für mich habe?

Mit einem Kopfnicken schließt er die Tür zur „Jagdstube“, schwenkt das schöne schmiedeeiserne Gitter zur Seite und geht wortlos die Stiege hinauf.

Der Blick durch das Fenster in den Hof bestätigt meine Sorge. Die vom Südtrakt ausgehenden tiefen Schatten sind verschwunden; aus dem Hell-Dunkel über dem Pflaster ist diffuses Licht geworden. Durchaus nicht das, was ich mir für meine Bilder wünsche, denn gerade Räume leben vom Kontrast. Soll daher noch etwas daraus werden, drängt die Zeit.

Vorbei an hinter Glas gerahmten Vogelbildern, einem im sogenannten „Zeitlinger-Grün“ gehaltenen Biedermeier-Schießstand sowie einer alten Eisentüre ist es als erstes die „Zunftstube“, die wir betreten. Eine prächtige Holzdecke mit den Initialen „G.G.“ für Georg Grätt und der Jahreszahl „1706“, ein Portrait Caspar Zeitlingers, Möbel, eine hohe Standuhr und andere Kostbarkeiten erinnern nicht nur an die wirtschafts- und sozialgeschichtliche, sondern auch an die kulturelle Bedeutung ehemaliger handwerklicher Vereinigungen.

Neben Aufgaben wie der Aufnahme von Meistern, Aufdingung bzw. Freisagung von Lehrlingen und Gesellen sowie Schlichtung von Streitigkeiten gehörte vor allem das kirchlich Festliche an Jahrtagen zu den Höhepunkten zünftischen Lebens. Die Verwahrung von Insignien, Urkunden, Patenten oder der Handwerksordnungen und Zeichenbücher fiel ebenso in ihren Bereich wie die Obsorge um durch Todesfälle von Innungsmitgliedern unverschuldet in Schwierigkeiten geratene Betriebe.

Das anschließende „Gradnzimmer“ mit barockem Rundofen und der darauf folgende Raum schildern das Leben, die Vorlieben sowie den Alltag der „Gradnfamilie“. Im weitesten Sinn, denn an den Wänden hängen auch Bilder der Verwandtschaft Caspar Zeitlingers, an der Fensterseite findet sich Kinderspielzeug, Puppengeschirr, ein Vogelkäfig. In einer Vitrine zeigt man speziell für ihn gefertigtes und mit seinem Namenszug versehenes Augartenporzellan aus der Mitte des 19. Jahrhunderts, in einer zweiten Schulutensilien, Lesebücher; Dinge des täglichen Lebens, wie Manikürzeug für Damen oder eine Meerschaumpfeife des Hausherrn. Vor einem Wandschränkchen mit Klöppel-

bzw. Strickwerkzeug sowie einem Schrank mit Glasgeschirr und bemalten Milchgläsern eine Kinderwiege. Verblüffend reich bestickt eine große Taufdecke aus reiner Seide mit den verschiedensten Verzierungen.

Die Aufgeschlossenheit Caspar Zeitlingers der Technik und Architektur gegenüber fällt in jedem dieser Räume auf. Senkwaagen, Winkelhaken, der Gebläseluft in den Garböfen die entsprechende Wirkung verleihende präzise Meßgeräte, Pläne, Modelle und Zeichnungen von Gebäuden sowie Maschinen. Nicht nur zur Umsetzung vor Ort angefertigt, sondern durchaus auch nur mögliche Verbesserungen aufzeigend, ganze Zyklen von verschiedensten Antrieben für Papier-, Mahl- oder Getreidemühlen, von ihm selbst entworfene klassizistische Häuserfronten – all das beweist sein enormes Interesse am Fortschritt. Freilich stets eingebettet in Dingen schönen, repräsentativen Wohnens, dem er offensichtlich zugetan war.

Der „Gradn-Salon“ sei ein ganz besonders eindrucksvolles Beispiel dafür, meint mein Begleiter beim Betreten des letzten Zimmers. Jedoch auch, was die Umsetzung privaten Wunschdenkens, gepaart mit entsprechender Initiative, vermag. Als nämlich das sogenannte „Schöne Zimmer“ des Herrenhauses in der Blumau bei Kirchdorf samt seiner Einrichtung in Gefahr war, anderem weichen zu müssen, übertrug man dieses mit Hilfe des Landes hierher. Lediglich die Tapete wurde direkt auf die Wand gemalt. Wie ersteres ein Meisterstück kunstgewerblichen Handwerks aus vergangenen Tagen, ist letzteres ein solches unserer Zeit.

Stilbewußtsein kennzeichnet die einzelnen Teile. Die Sitzgarnitur mit Bank, Fauteuils, Sesseln und Tisch. Den die reichhaltige, mit Werken aus den verschiedensten Wissensgebieten ausgestattete Bibliothek Caspar Zeitlingers aufnehmenden Aufsatzschrank, zwei Glasvitrinen, Portraits, das Bett sowie den neben der Tür stehenden runden Kachelofen. Das „Blumauer Zimmer“, wie es ob seiner Herkunft auch genannt wird, ist der beeindruckende Abschluß dessen, was ich im „Herrenhaus der Werkstatt am Gries in Micheldorf“ in den vergangenen Stunden sah.

Um es für meine Zwecke aber nun auch bildlich zu dokumentieren, gehe ich noch einmal durch die Räume. Mit Tasche und Stativ, mich mit dem Photoapparat bald in diese, bald in jene Ecke zwängend. Gerade als ich wegen der nun doch schon immer geringer werdenden Helligkeit zum Blitzgerät greife, bricht plötzlich die Sonne durch und scheint in die Fenster. Ich möchte am liebsten alles festhalten, lichte das eine oder andere zusätzlich ab und finde mich am Ende sogar drüben im Schmiedhaus. Gehe am Feyregger-Haus vorbei, an der Kram sowie am Gradnhammer, photographiere ein weiteres Mal das Herrenhaus und verabschiede mich. Aus einer Welt, die mich schon 1998 gefangennahm, die mich fasziniert und die ich nochmals erleben wollte.

Chronik des Hauses und seiner Besitzer

Um 1550 wird die „Werkstatt am Gries“ erstmals genannt. In der Folge gibt es stets nur Angaben, welche sich auf die Besitzer des Betriebes bzw. der gesamten Anlage beziehen, außerdem seit wann dieses oder jenes „Zeichen“ geschlagen wurde und von wem. Über die Errichtung des Hauses selbst ist nichts bekannt, es darf jedoch angenommen werden, daß es als vorerst sehr einfaches Gebäude etwa seit dieser Zeit existiert.
Anfangs betreibt ein Stefan Loperger das Werk, 1587 übernimmt dieses sein Sohn Leonhart, der wiederum 1593 an Hans und Anna Süß verkauft. 1610 scheinen deren Schwiegersohn und Tochter Thomas und Barbara Holzinger als Eigentümer auf

1613 Hans Grätt und dessen Frau Anna, geb. Riedtmüller sind die neuen Besitzer. Nach Hans Grätts Tod übernehmen

1656 sein Sohn Conrad Grätt sowie dessen Ehefrau Katharina, geb. Kirchwöger den Betrieb, und man beginnt den „Kelch“ zu schlagen. In der Folge scheinen als Besitzer auf:

1691 Georg Grätt und dessen Gattin Eva geb. Mandlbauer, welche als Witwe

1711 Hans Martin Stainhuber heiratet

1732 Hans Martin Stainhuber geht nach dem Tod seiner Frau eine neue Ehe mit Barbara Hassenberger ein, welche sich nach dem Ableben ihres Gatten

1749 mit ihrem Eßmeister Carl Koller vermählt. Als dieser selbst seinen Erben einsetzt und stirbt, wird

1799 sein Stiefenkel Carl Stainhuber dessen Nachfolger. Seine und seiner Frau Franziska Theresia, geb. Moser Tochter heiratet

1823 Caspar Zeitlinger, welche beide die „Werkstatt am Gries“ übernehmen. Als Carl Stainhuber 1825 stirbt, sind die neuen Besitzer daher

1826 Caspar und Josefa Theresia Zeitlinger. Nach dem Tod von Caspar Zeitlinger werden

1866 der vom Micheldorfer Sensenwerk „An der Zinne“ stammende Schwiegersohn und deren Tochter Franz und Juliane Zeitlinger neue Eigentümer. Sie vererben

1899 den Besitz an ihren Sohn bzw. dessen Gattin Caspar und Julia Zeitlinger, geb. Zeitlinger vom Sensenwerk Blumau in Kirchdorf. Als Caspar stirbt, übernimmt

1912 die Witwe Julia Zeitlinger das Werk und übergibt es
1939 den Söhnen Adolf und Hubert Zeitlinger zu gleichen Teilen. Der Sohn des ersteren, Adolf Zeitlinger, übernimmt
1965 nach dem Tod des Vaters dessen Anteile. Hubert Zeitlinger übergibt seinen Teil am Werk und Besitz – nachdem 1949 bereits mit der Erzeugung anderer Artikel begonnen wurde, wird 1966 die Sensenproduktion eingestellt –
1967 seiner Tochter Herta Zeitlinger, vereh. Just. Herta Just und Adolf Zeitlinger gründen sodann die Firma „Caspar Zeitlinger Metallwarenerzeugung Gesellschaft m.b.H.“, in welche die wesentlichen Teile des Sensenwerkes, nicht aber das Herrenhaus eingebracht werden. Sie behalten den restlichen Besitz.
In der Folge verkauft Adolf Zeitlinger seinen Firmenanteil an den Schwiegersohn von Frau Just, Mag. Dr. Johannes Pfaffenhuemer, der später auch den Rest der Firma übernimmt
1997 Mit Vertrag vom 11. April dieses Jahres bekommt Herta Just das Eigentum an der Hälfte des Adolf Zeitlinger am Herrenhaus übertragen. Sie ist seitdem Alleineigentümerin des Herrenhauses der ehemaligen „Werkstatt am Gries“, auch „Gradnwerk“ genannt.

Im Laufe der Jahre führten am Haus mehrere Besitzer Veränderungen durch. Der Umbau, der dem Haus sein heutiges Aussehen verleiht, erfolgte 1829 durch Caspar und Josepha Theresia Zeitlinger.
Der Wirtschaftsteil dürfte in der zweiten Hälfte des 18. Jahrhunderts errichtet worden sein. Heute ist es ein dreiflügeliger Bau, von dessen ältestem Bestand in der Südwestecke des Hauses vermutlich noch Reste vorhanden sind.
Im Jahre 1974 erfolgte eine Vermietung des Herrenhauses samt anderer Gebäude durch Herta Just und deren Vetter Adolf Zeitlinger langfristig an den „Verein zur Pflege und Erhaltung der Kulturgüter der Sensenschmiede“ sowie an das Land Oberösterreich.

(Quelle: Nachstehende Literatur, Besitzverhältnisse seit 1967 ergänzt durch Dr. RUDOLF JUST / Micheldorf)

Literatur

LAND DER HÄMMER – HEIMAT EISENWURZEN. Katalog zur oberösterreichischen Landesausstellung, 1. Auflage, 1998 – OÖ. SENSENSCHMIEDEMUSEUM MICHELDORF. Katalog, Linz o. J. – SCHRÖCKENFUX, FRANZ: Geschichte der österreichischen Sensenwerke und ihrer Besitzer, Linz–Achern 1975 – SENSEN – SCHMIEDE – KULTUR. Sensenschmiedemuseum Micheldorf, Linz 1998

Zu den Bildern

Seite 138 Süd- und Westansicht des Herrenhauses mit aus dem Rokoko stammenden schmiedeeisernen Fensterkörben im Obergeschoß

Seite 141 Hoftor an der Ostseite mit Löwenköpfen, Zugringen und Girlanden aus Lorbeerreisern. In Rauten eingeschriebene ovale Sonnen mit dem Drehwirbelmotiv

Seite 143 Klassizistische, in Schwarz und Gold gehaltene Schmiedeeisentür am Stiegenaufgang mit Familien-Meisterzeichen „Kelch mit Hostie" sowie den Initialen KSH (Karl Stainhuber) und der Jahreszahl 1804

Seite 145 Die „Jagdstube", in deren Außenwänden sich vermutlich Reste der ältesten Anlage des Hauses verbergen. Der mit einer Schieferplatte ausgestattete Tisch sowie ein eiserner Tresor (rechts) deuten darauf hin, daß hier auch der Lohn an die Dienstboten des Wirtschaftshofes ausbezahlt wurde

Seite 147 Möbel aus der im Obergeschoß befindlichen Zunftstube: Barockkommode mit Kreuz, auf dem Eckkästchen eine Totenkrone, welche Verstorbenen bei ihrer Aufbahrung an das Fußende gestellt wurde

Seite 148 In der Zunftstube original erhaltene barocke Balkendecke. Rüstbaum mit der Jahreszahl „1706" und den Initialen „G.G" für Georg Grätt

Seite 149 Der Salon, auch „Blumauer-Zimmer" genannt. Der Wohnbereich der Familie mit wertvoller Tapete, spätbarocker Sitzgarnitur mit biedermeierlichen Stoffbezügen sowie achteckiger Glasvitrine und Bildnissen der Zeitlinger

Seite 151 Aus Eisen gefertigte kunstvolle Tür zum Dachboden

Seite 155 Eßtisch der Sensenarbeiter im Schmiedhaus

ÜBER FRAUENSTEIN ZUM KOLLER IN DER RAMSAU

Die vergangenen Tage und Wochen war ich in der Schmiedleithen und in Micheldorf unterwegs. Um zu fragen, zu schreiben, zu photographieren. Meist fuhr ich dann erst spät wieder den tief eingegrabenen Steyrfluß entlang heimwärts, querte hinüber zur Enns und von dort über die Neustift nach Waidhofen und Ybbsitz. Nur einmal ist es anders. Frauenstein grüßt vom gegenüberliegenden Ufer, ich nütze den Abend, weiß über einen Umweg dennoch wieder in die gewünschte Richtung und gelange mitten hinein in meine nächste Geschichte.

Wie die Straße hin „Zu unserer Frauen Capell auf dem Stain", so führt mich die Erinnerung an einen sonnigen, wie jetzt im Herbst mit bunten Blättern übervollen Sonntag in den sechziger Jahren zurück. Damals noch steil, ist der Weg heute weniger beschwerlich, windet sich in wenigen Kehren hinauf und erlaubt sogar schon während der Fahrt den einen oder anderen Blick in die Gegend. Nach vorne auf die beherrschende Kulisse des Toten und des Sengsengebirges, zurück in das Steyrtal sowie schließlich auf jenes Heiligtum, das sich anstelle der um 1300 erbauten Burg nunmehr auf der Anhöhe befindet. Einst für die Bewohner des Paltentales und der Ramsau wegen der gar zu weiten Entfernung nach Molln errichtet, wurde es 1754 Seelsorgestelle und im Jahre 1823 Mittelpunkt einer eigenen Pfarre.

Als ich von der Westseite her durch das schöne gotische Portal in den Innenraum trete, ist es wie einst jene überlebensgroße, aus Lindenholz gefertigte und seit der letzten Restaurierung 1938 bzw. 1960 wieder in ihrer originalen Fassung erstrahlende Muttergottes, die mich gefangennimmt. Mit Krone, das Jesuskind auf dem Schoß und zwei ihren Mantel weit ausbreitenden Engeln sowie den kleinen, links und rechts sich zu ihren Füßen drängenden Männern und Frauen. Es ist die Schutzmantelmadonna, als überragendes Werk Schöpfungen wie dem Altar von Kefermarkt oder St. Wolfgang gleichgestellt – gotische Schnitzkunst von europäischem Rang.

Wieviel Sorgen und Nöte ihr wohl von dieser Stelle aus schon vorgetragen worden sind. Gibt es überhaupt Vergleichbares – und wo?

Ganz unterschiedliche Dinge sind es, die mich bewegen. Die aus dem altgermanischen Rechtsbrauch der sogenannten „Mantelkinder" abgeleitete Darstellung hilfebedürftiger Menschen; hier in Form hochgestellter Persönlichkeiten, anderswo als Vertreter der Stände, des Handwerks. Das trotz größtem Können letztlich stets auch unerreichbare Streben eines Künstlers nach Vollkommenheit. Und schließlich, als ich wieder in das Dunkel unter der Empore zurücktrete, jene vielzitierten Verse von Novalis, der eben dieses wie kein anderer auszudrücken vermochte.

„Ich sehe Dich in tausend Bildern,
Maria, lieblich ausgedrückt!
Doch keins von allen kann Dich schildern,
Wie meine Seele Dich erblickt."

Stand ich wirklich so lange davor, in Gedanken versunken, daß ich die Zeit darüber vergaß?

Wie auch immer, als ich wieder draußen auf dem kleinen Vorplatz bin, hat sich die Sonne hinter einer breiten Wolkenbank versteckt. Ob ich gleich an das andere Ufer soll? Oder vorher vielleicht doch noch hinein in die Ramsau und über Molln zurück? Unten bei der Kreuzung ist alles klar, ich wende mich nach links, schaue ein letztes Mal hinauf zur Kirche und fahre mit den Schatten in das Tal.

Es ist einsam hier. Komme ich anfangs noch an einigen Häusern vorbei, werden diese bald weniger. Wieder nach links geht es zum Paltenbach, nach rechts zweigt eine Straße ab, hinein zwischen hohen Bergen in die Kindheit der Schriftstellerin Marlen Haushofer. Das alte Forsthaus, die Schlucht; Gestalten aus ihren Romanen ziehen angesichts dieser Landschaft an mir vorüber.

Die Eisenwurzen. Was ist das? Was war das? Tatsächlich nur ein geographisches Etwas, begrenzt von Flüssen, Hügeln und Bergen? Gab es außer dem Eisen, der Arbeit, der Wirtschaft nicht auch Geistiges, ein Spannungsfeld zwischen diesen und, daraus resultierend, über Generationen eine eigenständige, unverwechselbare Kultur?

Unvergeßlich für mich jene vor gut einem Jahrzehnt von einem Tourismusfachmann geäußerte Klage, der Begriff „Eisenwurzen" sei etwas, mit dem man in der Werbung nichts anzufangen wisse. Schon gar nicht, wenn man ihn erklären, „übersetzen" solle. Auch thematisch sei er etwas zu Hartes, zu Rauhes; Dinge wie die Wachau, das Weinviertel oder Waldviertel seien da viel leichter an den Gast zu bringen. Auf meine Frage, ob vielleicht jemand schon auf den Gedanken gekommen sei, etwa von den Italienern oder den Franzosen zu verlangen, Namen wie Toskana oder Provence einzudeutschen, weiß er zwar keine Antwort, die zumindest in Niederösterreich bereits zunehmend von den

Landkarten verschwundene Bezeichnung „Eisenwurzen“ hat es dennoch immer schwerer, sich zu behaupten.

Wie erst gestern, so auch heute die eigenen Zweifel: Wie es weitergehen soll. Warten, bis von außen jemand kommt, die Eisenwurzen neu entdeckt? Oder selber etwas tun?

Steyrtal, Kremstal, Almtal. Heute ist deren einst vorwiegend auf die Produktion von Messern, Klingen, vor allem aber Sensen spezialisierte Industrie zumindest für Interessierte nichts Unbekanntes mehr. – Früher? Für die Niederösterreicher reichte damals die Schmiedewelt höchstens bis Weyer oder Kastenreith. Zwar war Steyr gewiß eine wunderschöne alte Stadt, aber sonst? Man hatte seine Gedanken an der Ybbs und an der Erlauf, begann eben erst die eigene Geschichte zu erkunden. Vom Wissen um das Größere, die Komplexität der Eisenwurzen, ihrer einander stets bedingenden materiellen und geistigen Kräfte, war man noch weit entfernt.

Auch umgekehrt verhielt es sich so. Etwa um die gleiche Zeit aus Oberösterreich Kommende, mit ähnlichen Dingen Beschäftigte staunten ob des für

sie überraschend großen Bestandes an montan- und industriegeschichtlich wertvollen Objekten im benachbarten Bundesland. Eher noch war auf beiden Seiten der Erzberg als Herkunft des Eisens und aus der Schulzeit bekanntes Ausflugsziel im Bewußtsein verankert; die vorgelagerten Nachbarn kannte man kaum.

Dann führte vor allem ein Umdenken der Bewohner selbst die Wende herbei. Die Eisenstraßen, jene einst wie Wurzeln vom und zum Berg verlaufenden, hier die Produktion und dort das Überleben ermöglichenden Wege, wurden zu Namengebern für Vereine und diese wiederum die Basis künftiger Zusammenarbeit. Menschen trafen sich, besuchten einander – was vor gar nicht langer Zeit noch in weiter Ferne schien, wurde Wirklichkeit. Man erfuhr von früheren Beziehungen vor allem wirtschaftlicher Natur, aber auch von gegenseitiger Befruchtung in der Kunst. Die Eisenwurzen war zum Erlebnis geworden – für die einen ihre Landschaft, für die anderen ihre Kultur.

Doch damit nicht genug: Ihr steirischer, ober- und niederösterreichischer Teil stellte sich jeweils in großen Ausstellungen vor. Deren Vielfalt – das Gebiet

um den Erzberg, die Sensen- und Nagelschmiede, die Feitlmacher, die Balgsetzer und die Kalkbrenner in Oberösterreich sowie die Geschichte der Kleineisenindustrie in Niederösterreich – zog Hunderttausende von Besuchern an. Ebenso wie die in diesem Raum befindlichen Kirchen, Sammlungen und Museen das Ganze bereicherten, aber auch dazu beitrugen, das Gemeinsame zu entdecken, Namen, Wechselwirkungen, den jahrhundertelangen künstlerischen Austausch insgesamt sichtbar werden zu lassen.

Vor allem zwischen den Bundesländern Niederösterreich und Oberösterreich läßt sich in letzterem Zusammenhang so mancher Bezug herstellen. Man denke nur an die lebensgroße, in der Blütezeit der Gotik entstandene Sonntagberger Madonna, die, im Jahre 1376 höchstwahrscheinlich vom Wiener Michaelermeister im Auftrag des aus Steyr gebürtigen Abtes Engelschalk für das Stift Seitenstetten geschaffen, 500 Jahre später in der Nähe des Klosters auf dem Dachboden eines Bauernhauses wiedergefunden wurde. 1927 kehrt sie wieder nach Steyr zurück, gelangt in Privatbesitz und zählt heute in der Österreichischen Galerie des Kunsthistorischen Museums im Unteren Belvedere in

Wien zu deren wertvollen Stücken. Auch Hanns Puchsbaum kommt mir in den Sinn, seine 1443 in Steyr gegründete Viertellade der Wiener Bauhütte und deren entscheidende Bedeutung für die architektonische Entwicklung des Kirchenbaues etwa in Scheibbs und in Gaming, aber auch in weiteren Orten des Mostviertels. Der Barockmaler Martin Johann Schmidt aus Niederösterreich, dessen Bilder viele Kirchen gerade dieser Gegend schmücken, wirkt wiederum in die andere Richtung. Er hinterläßt etwa in Spital am Pyhrn oder in Vorderstoder seine Spuren, stattet dort die Gotteshäuser aus. Schließlich Josef Gabriel Frey aus Weyer. Als Künstler und Chronist sucht er wiederholt die benachbarten Täler auf, skizziert, zeichnet, malt und verhilft mit seinem lithographischen Werk vor allem Waidhofen an der Ybbs zu einzigartigen Bilddokumenten.

Doch haben nicht auch Hochzeiten stattgefunden da und dort zwischen Familien, die dem Eisen verbunden waren? War es nicht eine Fürnschlief aus Ybbsitz, welche den Schlossermeister Johann Gruber in Steyr, der die kunstvollen schmiedeeisernen Altargitter des neuen Linzer Domes fertigte, geheiratet hatte, und später eine deren Töchter, welche die Frau des großen Eisenhändlers, langjährigen Gemeinderates und Direktionsvorsitzenden der Sparkasse Steyr, Johann Amort (gest. 1898), wurde?

Gerade da ich wieder beim Eisen angelangt bin und mich frage, was mich eigentlich bewogen hat, dieses entlegene Tal aufzusuchen, taucht etwas Unerwartetes vor mir auf, zunächst noch aus der Entfernung, dann immer deutlicher werdend – ein hohes, leicht geschwungenes abgesetztes Mansarddach mit Gaupen, die typische Form eines Herrenhauses. Näher kommend, als ich mir einen Blick auch auf die gegen Norden ausgerichtete Vorderfront erhoffe, verstellen allerdings jenseits von Straße und Bach stehende Bäume die Sicht. Eine Brücke, eine Tafel, deren Text darum bittet, privaten Besitz zu respektieren, sowie die heraufkommende Dunkelheit lassen mich nur kurz haltmachen, einige Schritte darauf zugehen und dann die Fahrt fortsetzen. Was folgt, ist wenige Tage darauf ein Brief an diese Adresse, mit dem Ersuchen, vorbeikommen zu dürfen; die positive Antwort und zwei Wochen später mein erster Besuch im „Kollerhaus“.

Jetzt, im November, wärmt die Sonne nur noch die nach Osten und Süden ausgerichteten Mauern, während auf der Fassade des Sockel- und Obergeschoßes der übrigen Schauseiten bereits den ganzen Tag über der Schatten liegt. Die prächtigen gebauchten Schmiedeeisenkörbe zwischen stuckverzierten Pilastern, die Fensterumrahmungen und das Gesims oben sowie die

Gitter und Rocaillemotive unten beeindrucken dennoch, glänzen auch so und lassen den Betrachter ob ihrer künstlerischen Qualität staunen. In einer Rundbogennische über dem Sandsteinportal die Holzplastik der Heiligen Anna und Maria. Als ich an der Eingangstür läute, weiß ich, auf etwas Besonderes gestoßen zu sein.

Drinnen der kreuzgratgewölbte Flur, wieder Steinplatten am Boden und der geradläufige Stiegenaufgang. Fast glaube ich das Weitere schon zu kennen, werde jedoch von neuem überrascht.

Noch unten: zu beiden Seiten Holztramdecken, im rückwärtigen Teil die ebenso gewölbte Küche und Speis, teilweise erhalten gebliebene mundgeblasene Fensterscheiben, nur der vermeintliche Durchgang zum Hof mündet statt dessen ins Freie.

Im Obergeschoß eine schmiedeeiserne Tür, eine besondere Lampe. Lediglich die schon jetzt vom Hausherrn gegebene Zusage, das eine oder andere auch photographieren zu dürfen, läßt mich, ohne alles noch eingehender betrachten zu wollen, diesem in das anschließende Zimmer folgen.

Unterlagen habe ich zwar erbeten, daß diese jedoch vorbereitet und in solcher Fülle bereits auf dem Tisch liegen, ist die nächste Überraschung. Ich erfahre von den frühen Besitzern, den Freiseisen, dann den Koller, deren einer der ersten hier im Jahre 1768 dieses Haus erbaute. Daß dazu auch Nebengebäude gehörten, ein Schmiedhaus, ein Wirtschaftshof mit Stadel und seit 1806 auch ein Lusthäuschen. Angeblich 1613 sei die Grundlage all dessen, das Sensenwerk, errichtet worden, das freilich die großen Hochwässer von 1897 und 1899 nicht überlebte. Nachdem finanzielle Probleme es schon vorher in Frage gestellt hatten, wurde es abgetragen, und bereits 1941 war davon nichts mehr zu sehen; der alte Fluder erinnerte dennoch viele Jahre daran.

Was von den Koller übrigblieb? Außer daß ihr Name heute noch im Zusammenhang mit dem Haus stets genannt wird, vor allem ein Lied. Von einem der Ihren, dem Josef Koller, Sensenschmiedemeister allhier, vorzüglicher Jagd- und Scheibenschütze und dennoch dermaßen verspottet, daß es ein Jammer war. Ob ich es kenne? „Den Koller z' Molln, den soll der Teufel holn" klang es an den Wirtshaustischen, und daß er „der größte Diab im Gamsgebirg" sei, war noch das Gelindeste, das man ihm nachsagte. Warum? Weil er, als in Folge der Revolution von 1848 das bis dahin einigermaßen freie Jagen verboten wurde, dieses als einziger weiter ausüben durfte. Und es ihm verständlicherweise die anderen nicht gönnten.

Einem noch viel leidenschaftlicheren Jäger, dem Thronfolger Erzherzog Franz Ferdinand, soll das Haus auch einmal Unterkunft geboten haben, als er in der Umgebung hofhielt und sich die Gemsen von einer Unzahl von Helfern vor seinen Schießstand treiben ließ.

Nach 1900 war das Anwesen mehrere Jahre hindurch unbewohnt gewesen, und nur dem Zufall, daß Vorfahren der heutigen Familie gerade ihren Sommersitz im Kremstal aufgegeben hatten und auf der Suche nach einem neuen waren, verdankt es wahrscheinlich seinen Weiterbestand. 1908 wurde das Hauptgebäude wieder bezogen und, um den Kindern aus dieser Gegend den oft stundenlangen Weg nach Molln oder Frauenstein zu ersparen, 1923 das Schmiedhaus zur Schule umgebaut.

Bis in die dreißiger Jahre befand sich gegen den Bach zu noch ein Keller, wo man Fleisch bis zum Sommer frisch halten konnte: mit schwarzem Tuch ausgekleidet und während der kalten Jahreszeit mit Eis vom nahen Teich versorgt. Eines jener typischen, meist überhaupt vergessenen, da dem Bereich des Haushalts zugeordneten Dinge. Ebenso wie die große Holzmangel. Auf zwei Rollen zog man eine mit riesigen Steinen beschwerte Lade über eine glatte Fläche und bügelte so die Wäsche.

Als ob er mir das alles noch zeigen wollte, tritt Albrecht Schrutka-Rechtenstamm ans Fenster. Der in den Achtzigern stehende ehemalige Richter weist auf das umgebaute Wirtschaftsgebäude, das Schmiedhaus, überspringt einige Jahrzehnte und kommt plötzlich von sich aus auf etwas ganz anderes zu sprechen: Er sei zwar nicht gerade begeistert gewesen, als man 1990 die „Sensenwerkstatt an der Palten“ unter Denkmalschutz stellte, habe sich jedoch in sein Schicksal gefügt. Was sich in der Folge zwar nicht in finanzieller, bei verschiedenen Arbeiten sehr wohl aber in beraterischer Hinsicht positiv ausgewirkt hätte. Jetzt, meint er, während er wieder an seinen Platz zurückkehrt, jetzt freue er sich geradezu über die neuen gelungenen Heubodenluken und die schönen korbbogig geschwungenen Einfahrten in den Quertrakt.

Ob ich das „Stöckl“ schon gesehen hätte, fragt er. Wiederum steht er auf, deutet auf ein frei stehendes turmartiges Objekt, zu dessen Obergeschoß eine Stiege führt. Andere hätten es Lusthaus genannt, meint er, was immer man auch darunter verstehen wolle. Auf jeden Fall sei es früher noch häufig bei solchen Häusern anzutreffen gewesen, jetzt gebe es nur mehr dieses. Wozu es gedient haben mochte? Seines Wissens der Gewerkenfamilie selbst, aber auch den Eßmeistern, welche sich bei Unterhaltungen gerne vom übrigen Personal absonderten und dorthin zurückzogen.

Bevor ich aufbreche, bitte ich ihn, einiges genauer ansehen zu dürfen. Etwa das über der Stiege besagten Stöckels angebrachte Vordach mit dem schmiedeeisernen Aufsatz oder den gewölbten Stall auf Steinsäulen. Das verschiedentlich noch sichtbare Zeichen der Koller, die sieben Sterne im Lorbeerkranz, wie sie es einst auf ihre Sensen schlugen, aber immer wieder auch schmückend am Haus verwendeten.

Dann verabschiede ich mich. Überlege kurz, vorne an der Brücke entweder nach Molln oder Frauenstein abzubiegen, entscheide mich jedoch für letzteres. War es nicht sie, die Madonna, die mich damals den Weg hierher finden ließ und meine Gedanken leitete während jener ersten Fahrt in dieses Tal? Bin ich ihr nicht zu Dank verpflichtet?

Als ich wenig später vor der Kirche stehe, ist diese versperrt. Ich sehe sie trotzdem noch vor mir, während ich schon längst wieder die Steyr hinunter zur Enns, nach Maria Neustift und über die Landesgrenze hinweg unterwegs bin. Ins heimatliche Mostviertel, dem Land zwischen Sonntagberg und Ötscher, in die andere Eisenwurzen.

Chronik des Hauses und seiner Besitzer

Hinsichtlich der Entstehung der Sensenschmiede gibt es verschiedene Daten. Als gesichert kann nach Angela Mohr lediglich der Zeitraum zwischen 1583 und 1615 angenommen werden

1609 Hans Freiseisen, der bisherige Besitzer, stirbt. Nachfolger werden sein Schwiegersohn Pankratius Riess und dessen Frau. Nach des Pankratius Tod heiratet die Witwe

1628 Mathias Koller, der sich nach dem Tod seiner Frau ebenfalls wieder verehelicht. Schließlich folgt ihm der Sohn aus erster Ehe, Wolfgang Koller,

1663 auf der Schmiede nach, welcher ebenfalls zweimal verheiratet ist. (Er kauft das Zeichen „Sieben Sterne".) Als er stirbt, wird dessen aus der ersten Ehe stammende Sohn Wolfgang Koller II

1686 neuer Besitzer. Nach seinem Ableben übernimmt der Sohn Mathias Koller

1716 das Anwesen (Zeichenstreit im Jahre 1742 mit Balthasar Schröckenfux in Übelbach/Steiermark: Mathias Koller muß in Zukunft um seine sieben Sterne ein „Kranzl“ machen). Als er stirbt, wird wieder der Sohn aus erster Ehe, Matthias Koller II,

1751 neuer Besitzer, in dessen Zeit vermutlich

1768 der Bau des Herrenhauses erfolgt. Knapp vor seinem Tod folgt

1799 neuerlich der Sohn, nämlich Josef Koller, nach. Noch bevor dieser 1816 stirbt, übernimmt

1804 wieder der Sohn aus erster Ehe, Josef Koller II, das Erbe. Nach dessen Ableben im Jahre 1823 führt die Witwe Theresia Seraphina Koller, geb. Pießlinger den Betrieb durch achtzehn Jahre weiter. Sie ist es, welche wahrscheinlich im Jahre

1826 die Verlängerung des Hauses um zwei Achsen vornimmt und somit den heutigen Bauzustand herstellt

1841 übergibt sie an ihren Sohn Josef Koller III. Da dieser im Jahre 1863 unverheiratet stirbt, tritt

1864 sein Neffe Christof Pießlinger das Erbe an, der schließlich seinem Stiefsohn Franz Schwaiger

1891 die „Werkstatt an der Palten“ vermacht. Nach den Hochwässern 1897 und 1899, die alles verwüsten und ein Weiterführen des Sensenhammers unmöglich machen, gibt letzterer sein Erbe

1902 an den Stiefvater Christof Pießlinger zurück

1908 Marianne Schrutka Edle von Rechtenstamm kauft das Herrenhaus, das Schmiedhaus und das Stallgebäude sowie den übrigen dazugehörenden Besitz. Außerdem stimmt sie

1923 dem Umbau des Schmiedhauses in eine Volksschule zu

1945 Gegen Ende des Zweiten Weltkrieges dient das Haus fremden Familien – etwa zwanzig Personen, darunter vielen Kindern – als Unterkunft

1947 Flora Schrutka-Rechtenstamm erbt nach dem Tod ihrer Schwiegermutter den gesamten Besitz. Während die Landwirtschaft verpachtet ist, widmet sie sich der Erhaltung und Renovierung des Hauses

1965 Das Schmiedhaus wird nach 42 Jahren von der Gemeinde Molln als Schule nicht mehr benötigt und anderweitig genützt

1969 Die Söhne Albrecht und Rainer treten nach dem Tod von Flora Schrutka-Rechtenstamm in den Besitz ein

1979 Als Rainer Schrutka-Rechtenstamm stirbt und im Familiengrab in Frauenstein beigesetzt wird, fällt dessen Erbteil an seine Frau Erni und die Kinder Wolfgang und Susanne

1990 Das Ensemble wird unter Denkmalschutz gestellt sowie den Besitzern für die „denkmalgerechte Erhaltung" gedankt. Seit Jahrzehnten bis heute (2002) sorgen Albrecht Schrutka-Rechtenstamm und dessen Frau Erna, deren Nachkommen sowie Enkel- und Urenkelkinder dafür, daß das Leben im Kollerhaus weitergeht

Literatur

HAHNL, ADOLF: Kirchenführer Pfarr- und Wallfahrtskirche Frauenstein (OÖ.), 6. Auflage, Salzburg 1997 – HAUSHOFER, MARLEN: Die Wand, Hamburg–Düsseldorf 1968 – LAND DER HÄMMER – HEIMAT EISENWURZEN. Katalog zur oberösterreichischen Landesausstellung, 1. Auflage, 1998 – MOHR, ANGELA: Althäuser der Gemeinde Molln in Oberösterreich, Molln 1991; Die Schutzmantelmadonna von Frauenstein, Steyr 1983 – SCHRÖCKENFUX, FRANZ: Geschichte der österreichischen Sensenwerke und ihrer Besitzer, Linz–Achern 1975 – SCHRUTKA, ALBRECHT: Privataufzeichnungen aus den Jahren 1941–1998

Zu den Bildern

Seite 156 Eindrucksvoll proportioniertes, im Kern aus dem 18. Jahrhundert stammendes Herrenhaus mit leicht geschwungenem abgesetztem Mansarddach und Gaupen. Zweifarbige, reich gegliederte Fassade in Formen des Rokoko

Seite 159 Im Obergeschoß inmitten stuckverzierter Pilaster sowie barocker Fensterbekrönung breiter schmiedeeiserner Fensterkorb mit Zeichen „Vogel, Sense und 7-Sterne-Kranz" sowie „MCK" (Mathias und Cäcilia Koller)

Seite 160 Kreuzgratgewölbter Flur des Obergeschoßes mit schmiedeeiserner Tür (in Rokokomedaillon Initialen „CMK" für Cäcilia und Mathias Koller)

Seite 161 Detail am Abschluß des Stiegenaufganges

Seite 163 Holztramdecke mit Wirbelrosetten

Seite 165 Schmiedeeisenaufsatz am klassizistischen Vordach des „Stöckls" am Eingang zum Obergeschoß mit Zeichen „7-Sterne-Kranz" und Bezeichnung „IK 1806 TK" (Josef und Theresia Koller)

Seite 169 Holzplastik heilige Anna, Maria das Lesen lehrend (Ende 18. Jh.)

DAS TULLECKSCHE GEWERKENHAUS IN WILDALPEN

Neben der in der Ortschronik geschilderten interessanten Vergangenheit von Wildalpen sind es dort verzeichnete Geschichten über einen ehemaligen Pfarrherrn, die ich mit besonderem Vergnügen las. Wie dieser wegen seiner Originalität weit über die Grenzen der Steiermark hinaus bekannte, mit Hut und mächtig breiter Krempe in das Kleid des heiligen Benedikt gehüllte Mann nicht nur dem Auge des Gesetzes so manches Schnippchen schlug, sondern sogar höchste Herren in der Kirche einsperrte, wollte er diesen in der Predigt seine Meinung sagen.

Mit rotem Regenschirm, Holzschuhen und dem unvermeidlichen, auch auf Versehgängen stets mitgetragenen Krampen bewaffnet, nützte er jede sich ihm bietende Gelegenheit, nach Wurzeln zu graben, wobei niemand so recht wußte, ob er solches aus reiner Neugierde tat oder doch aus anderen Motiven. Wie dem auch sei, der Mitte des 19. Jahrhunderts dort wirkende Stiftskapitular von Admont, Pater Wilhelm Aichinger, entbehrte nicht einer gewissen Komik, sorgte im Laufe seiner langen, ansonsten sehr segensreichen Tätigkeit in Wildalpen für die verschiedensten Anekdoten und fand in besagter Schrift als einziger der ehemaligen Pfarrer über deren Geburts- und Sterbedaten hinaus eine über mehrere Seiten gehende Erwähnung.

Jetzt, da ich an diesem trüben Dezembernachmittag Zeit habe, die dortige Kirche zu besuchen, wird plötzlich all das wieder lebendig. In ihrem Inneren ist es bereits dunkel, doch genügt das durch die Glasfenster noch einfallende Licht, um den Hochaltar mit seinem Gnadenbild, die rechts und links davon stehenden Statuen, die beiden Seitenaltäre sowie den prächtigen Freskenschmuck der Gewölbe zu erkennen. Auch die Kanzel, von welcher der wortgewaltige Pater seine manchen gar nicht so genehmen Sonntagspredigten losließ und die so nebenbei einst auch bei der Versorgung der Wildalpener Bevölkerung eine nicht unbedeutende Rolle spielte.

Nicht nur Säumer benützten nämlich einen seit urdenklichen Zeiten vom Salzatal hinüber nach Innerberg über die Höhen führenden Weg, transportierten mit Tragpferden Holzkohle, Proviant, Getreide in die eine sowie Erz in die andere Richtung, auch Wanderhändler und Schmuggler frequentierten ihn – und einmal im Monat der Herr Pfarrer. Nachdem er vorher während der Messe seine diesbezügliche Absicht angekündigt und nach deren Ende die Bestellungen aufgenommen hatte, trat er tags darauf mit Spitzkraxe und in oben erwähnter Ausstattung seinen Besorgungsgang an, erledigte Postgeschäfte sowie sonstige Aufträge und kam stets mit vielerlei Kleinigkeiten, wie Knöpfen, Bandeln und Stoffen, zurück. Einmal war es ein geschnitzter Herrgott, den er auf dem Rücken von Eisenerz herübertrug und von dem er, als man ihn fragte, wie es ihm dabei ergangen sei, meinte, daß er schon recht schwer gewesen sei, der „Teufel"!

So unversehens mitten in die Welt der damals nicht wegzudenkenden Schwärzer, des verbotenen Handels mit Eisen, Wein, aber auch der Sagen und Erzählungen gelangt, schlägt die Turmuhr drei Viertel vier und mahnt zum Aufbruch.

Tullecksche Werkgaden, Tulleckscher Bergbau, Tullecksches Eisen – je näher ich meinem Ziel, dem Tulleckschen Gewerkenhaus am östlichen Ortsende von Wildalpen, komme, desto mehr beschäftigen mich diese Dinge. Zumindest laut obiger Chronik haben sie bis heute ihre Spuren hinterlassen, verbindet man damit eines der in der Steiermark über zweihundert weiteren Eisenerzvorkommen, deren größtes unzweifelhaft am Erzberg war. Von dessen nördlicher Seite Ober- und Niederösterreich, Böhmen, Polen, Rußland, das Frankenland sowie der Westen und Nordwesten Europas beliefert wurden. Wo im Süden von Vordernberg aus das Eisen nach Salzburg, München, Frankfurt, nach Tirol und Kärnten sowie nach Ungarn und Kroatien gelangte. Mit dem zu konkurrieren es vor allem auch qualitätsmäßig schwer möglich war. Das alles beherrschte und anderen Lagerstätten nur dann eine Chance gab, wenn es darum ging, für bestimmte Waren auch weniger eisenhältiges Material verarbeiten zu können.

So eignete sich das Anfang des 17. Jahrhunderts aus dem im Eigentum eines Hans Friedrich Mayer aus Innerberg am Tulleckriedel befindlichen Bergbau gewonnene Erz gut zur Erzeugung von Weicheisen, das dann, bevor es in die Werkzeugschmieden etwa des Ybbs- und des Erlauftales kam, in den Zerrennhämmern südlich des Grubberges aufbereitet wurde. In Zeiten, wo jedoch Stahl, das höherwertige Eisen, gefragter war, schloß man ihn, holte sich über denselben, nachmals für die Wildalpener und deren Pfarrer so wichtigen Pfad wieder von Innerberg das Erz und verarbeitete dieses in den Schmelzöfen und den angeschlossenen Hammerwerken am hier in die Salza mündenden Seisenbach, jenen Tulleckschen Werkgaden, deren Herrenhaus es mir angetan hatte.

Was drinnen am Berg die Erzeugung der Maße sowie Halbmaße nämlich schon seit dem 15. Jahrhundert unrentabel gemacht und weswegen man die

Betriebe auch ausgelagert hatte, war der Mangel an Kohle. Nicht nur hier, sondern vor allem draußen an der Enns standen bereits deren viele, wo allerdings das Holz ebenso bald zum Problem wurde. Ganz anders in diesem Tal. Sogar das seit langem übliche Triften der Stämme auf der Salza hinaus zum Rechen in der Palfau und später bis Großreifling hatte kaum Spuren hinterlassen.

Jetzt ging man daher selbst ans Werk, förderte das Seßhaftwerden von Holzknechten sowie Köhlern, baute Wege und erschloß das bisher unzugängliche Gebiet. Was nicht vor Ort verbraucht wurde, konnte als Gegenfracht geliefert werden – bis, ja bis das alles der im Jahre 1625 gegründeten Innerberger Hauptgewerkschaft nicht mehr gefiel, diese sich um die Schmälerung ihrer Einkünfte sorgte, eine Beschwerde nach der anderen an die Obrigkeit richtete und 1633 für die privaten Betreiber das Ende kam. Nicht ganz so, wie es sich die später zur mächtigen, vom Staat beaufsichtigten Kapitalgesellschaft aufgestiegene Vereinigung der Unternehmer zwischen Eisenerz und Steyr damals gewünscht hatte, nämlich ohne selbst zur Kassa gebeten zu werden einfach weiterproduzieren zu können, sondern indem sie auf Wunsch des

IHS

Kaisers einen Kaufpreis erlegte und dafür die Werke sowie drüben in Eisenerz das Recht am Tulleckschen Bergbau erhielt.

Bei dieser, heute einer Industriellenvereinigung vergleichbaren Gewerkschaft gab es einen Kammergrafen, welcher von Innerberg aus die landesfürstliche Aufsicht wahrnahm, viele Beamte und in den einzelnen Orten Hammerverwalter, sogenannte „Verweser". Insgesamt erhoffte man sich damit eine Verbesserung bzw. Neuordnung der durch wirtschaftliche, politische und soziale Krisen ab der zweiten Hälfte des 16. Jahrhunderts auch in Wildalpen immer mehr in Schwierigkeiten geratenen Eisenindustrie. Obwohl die neuen Eigentümer gleich nach dem Ankauf im Jahre 1652 alles auf einen eigenen Bergbau am ganz in der Nähe gelegenen „Arzberg" setzten, gab man diesen bald wieder auf und griff auf das Tulleck zurück, wo zwar die Kosten für die Heranbringung des Erzes viel höher waren, das hier noch immer reichlich vorhandene Holz und somit die billigere Kohle diese jedoch bei weitem aufwogen.

Schon während meiner Fahrt von Palfau herein haben mich links und rechts steil aufragende Wälder begleitet. Nun, da ich auf dem letzten Stück des Weges einer schier nicht enden wollenden Langholzfuhre begegne, wird mir der eigentliche Reichtum dieses Tales noch mehr bewußt. Dessen Nutzung schon früh in das Blickfeld vor allem des Berg- und Hüttenwesens gerückt war und wonach auch die Bauern und Gewerbetreibenden trachteten sowie der Adel, dem es um die Ausübung der Jagd ging. Es war aber auch das Wasser, das für Wildalpen von alters her eine ebenso große Rolle spielte. Das jahrhundertelang den Transport des Holzes übernahm, die Stämme, die Flöße trug, die Blasbälge sowie die Hämmer am Seisenbach betrieb und bis heute zum Glücksfall für den Ort wurde.

Jener, der viel mehr darüber weiß, erwartet mich wenig später in dem bald vor mir auftauchenden Haus. Nach einem kurzen Anstieg ist es soweit. Auf mein Läuten öffnet sich die Tür, es ertönt eine freundliche Stimme und bittet mich ins Obergeschoß hinauf.

Ob er mir aus seinem Leben erzählen würde? Von seiner nun schon mehr als ein halbes Jahrhundert andauernden Liebe zu Wildalpen?

Noch einmal ein Stockwerk höher rückt mir der Angesprochene in seiner Bibliothek einen Stuhl zurecht, meint, daß er sich gar nicht sicher sei, ob das denn auch wirklich jemanden interessiere, beginnt aber dann doch, als ich ihn erneut darum ersuche.

Gut hundert Jahre seien es nun her, daß Verantwortliche in Wien angefangen hätten, sich Gedanken über eine Ergänzung der Wasserversorgung durch

eine zweite Hochquellenleitung zu machen. Man in den Einzugsgebieten der Traisen, der Erlauf und der Ybbs, in der Umgebung von Admont sowie im Gesäuse suchte, auch den Ursprung der Steyr nicht außer acht ließ und sich aufgrund mehrjähriger Beobachtungen, vor allem in den Wintermonaten, schließlich für die den Vorbergen und Hängen des Hochschwabs entspringenden Quellen des Salzatales entschied. Langwierige Verhandlungen mit den Grundeigentümern begannen, Oberbaurat Dr. Karl Kinzer plante, und Bürgermeister Dr. Karl Lueger setzte sich für das großartige Vorhaben ein.

Bei der Erwähnung dieser Namen kehren meine indessen die Bücherwand hinter meinem Gastgeber gewohnheitsmäßig nach für mich interessanten heimatkundlichen Werken absuchenden Augen zu dem Erzähler zurück. Josef Donner, der vor mehr als fünfzig Jahren in den Dienst der Stadt Wien getretene Endsiebziger, spricht von etwas, das ihn seither nicht mehr losgelassen hat. Jedes Wort weist ihn als jenen Mann aus, den man mir empfohlen hat, der nicht nur über die Geschicke des Tales viel zu sagen weiß, über das Haus und seine Vorbesitzer, sondern vor allem auch, wie es zu dem wurde, was es heute

ist. Fast alles dreht sich bei ihm um das Wasser. Ob er Bücher über Brunnen im Wiener Stadtgebiet oder ganz allgemein über die Geschichte der Wiener Wasserversorgung schreibt, ob er über die beiden von ihm gegründeten Museen im niederösterreichischen Kaiserbrunn oder hier in Wildalpen referiert – Josef Donner weiß wie kein anderer Bescheid.

Dabei sei es wie eine Fügung gewesen, fährt der nun von der Zeit des Planens und Bauens dieses Jahrhundertwerkes direkt in seine eigenen Anfänge hinüberwechselnde ehemals leitende Beamte fort, denn er, der eigentlich Lehrer werden wollte, habe schon während des Zweiten Weltkrieges seine Leidenschaft für schöne, erhaltenswürdige Dinge entdeckt, im Verlauf seines vierjährigen Aufenthaltes in Finnland sein erstes „Museum" – eine kuriose Sammlung verschiedener Relikte – eingerichtet und, kaum daß er wieder in der Heimat war, diese Passion weitergepflegt. Gott sei Dank, meint er und blättert in vor ihm liegenden Karten des Hochschwabgebietes, sei aus seinem Berufswunsch nichts geworden. Vielmehr hätten ihn die Umstände in die Rechtsabteilung der Wiener Wasserwerke und damit 1947 erstmals nach Wildalpen geführt.

Verordnungen, Erlässe, das Jagd- und Forstgesetz, die Geschichte des Wassers im Mittelalter, in der Römerzeit – wie um meinen Blicken fortan jegliche unnötige Ablenkung zu ersparen, lehnt er sich zurück, deutet auf dieses und jenes, sucht aus einem Regal Chroniken und Ortsgeschichten hervor und zeigt sie mir. Das sei von da an, neben seiner beruflichen Tätigkeit, sein täglich Brot gewesen. Über 2.600 Bücher gebe es heute im Haus, freilich darunter auch viel Volkskundliches, Naturwissenschaftliches, fast alles, was seit der Gründung des Museums rundum erschienen sei und ihm jetzt im Alter Freude bereite.

Dabei habe auch er klein und vor allem ganz woanders angefangen. Kaiserbrunn, unweit der Marktgemeinde Reichenau zwischen den beiden Gebirgsstöcken der Rax und des Schneeberges im Höllental gelegen, bot sich, als man für 1973 zum hundertjährigen Bestand der I. Wiener Hochquellenleitung etwas Besonderes plante, als Standort eines längst fälligen Wasserleitungsmuseums an. Endlich eine Stätte, wo sich viele seiner seit Jahrzehnten gesammelten, diesem Thema gewidmeten Stücke unterbringen ließen. Bei weitem jedoch nicht alle, wie sich herausstellte. Hier bedurfte es 1985 eines weiteren Jubiläums, nämlich jenes, da die II. Wiener Hochquellenleitung 75 Jahre alt wurde.

Beide Museen, meint Josef Donner, während er sich mir wieder zuwendet, jenes in Kaiserbrunn und das hier in Wildalpen, einzurichten, sei schließlich seine Lebensaufgabe geworden. Gerade die Gründung des letzteren fiel in eine Zeit, als auch das Forstmuseum „Silvanum“ in Großreifling im Aufbau begriffen war und vor allem die Waldwirtschaft betreffende Exponate gesucht wurden. Adolf Grabner, ein Wildalpener, dem das frühere Heimatmuseum – vornehmlich eine Sammlung von Gegenständen aus dem Forstwesen – seine Entstehung verdankt, war dabei federführend. 1970 erfolgte daher eine Neuordnung des verbleibenden, im ehemaligen Kasten (Getreidespeicher) der Innerberger Hauptgewerkschaft untergebrachten heimatkundlichen Teiles und schließlich 1983 durch das gute Einvernehmen zwischen dem neuen Eigentümer dieses Hauses, der Gemeinde Wien, und dem Betreiber, der Gemeinde Wildalpen, eine Übersiedlung an den heutigen Standort. Bald darauf öffnete auch das Pfarrmuseum seine Tore, ja und dann ging nach und nach sein Traum in Erfüllung. Von Beginn an in allen Entscheidungen frei, konnte er schalten und walten, wie er wollte, nach Belieben Wände versetzen oder bauen, Türen ausbrechen, die Einrichtung planen, sogar sich aus dem Schloß Stixenstein bei Ternitz einen Springbrunnen wünschen. Der dann tatsächlich dort abgetragen wurde und seither sein Wasser vor diesem Haus verströmt.

Das von außen hereindringende Läuten eines Telefons unterbricht für kurze Zeit unser Gespräch. Jetzt sind es an der Wand hängende Bilder, die mich interessieren, alte Stiche, aber auch Photos neueren Datums. Der Bundespräsident, der Abt von Admont, der steiermärkische Landeshauptmann, die Spitzen des Wiener Rathauses – Josef Donner im Kreise hoher Vertreter von Kirche und Politik.

Diese alle, meint der bald darauf wieder Zurückgekehrte, seien anläßlich der Eröffnung des Wasserleitungsmuseums im Jahre 1985 hier gewesen, mit den jeweiligen Wiener Bürgermeistern und Stadträten stehe er bis heute in Kontakt.

Ob ich übrigens wisse, wieviel Bezirke die Bundeshauptstadt habe? Als ich zögere, hilft er mir. Dreiundzwanzig seien es. Und zum vierundzwanzigsten hätte man schon längst Wildalpen gemacht, schmunzelt er, wäre es nicht doch an die zweihundert Kilometer weit weg und die Steirer gerade in solchen Dingen recht kleinlich.

Auch mit Künstlern des Wiener Theaters habe er zu tun gehabt. So hatte die Familie Thimig vor über einhundert Jahren hier einen Besitz erworben, der vom Vater Hugo auf seine Söhne Hermann und Hans überging. Letzterer, als zeitweiliger Bewohner des ganz in der Nähe liegenden „Schusterhäusls“, habe ihm sogar einen Film besprochen; leider seien seit dem Tod des Burgschauspielers solche Vorzüge nicht mehr greifbar, insbesondere was die

Kosten einer solchen Tätigkeit anbelangt. Das Projekt reifte bei einem Glas Wein, wurde umgehend erledigt und war vor allem gratis.

Als ich die Ehrungen seitens der Gemeinde Wildalpen anspreche, wird Josef Donner fast verschlossen. Was er für den Ort gemacht habe, sei selbstverständlich gewesen. In Zeiten, wo es Kaiserjagden, Besuche von Erzherzögen und Kronprinzen nimmer gab, brauchte man schließlich andere Fürsprecher in der Residenz. Und Kommune, Pfarre, aber auch Institutionen wie die Rettung oder die Feuerwehr hätten dies eben zu nützen gewußt.

Da es spät geworden ist, streife ich einige der von mir vorbereiteten Fragen nur mehr. Was ihn besonders mit dieser Gegend verbinde, ob er Bergsteiger, Sportler gewesen sei, will ich wissen.

Vier Jahre auf „Brettln" in Finnland während des Krieges seien ihm genug gewesen, meint er dazu. Höchstens einmal sei er seither noch auf Schiern gestanden. Und Bergsteigen? Auch hier habe er nur gezwungenermaßen einige Male den Hochschwab überquert. Seine Liebe sei stets der Beruf und das Museum gewesen. Wie auch die Menschen, mit denen er zeitlebens hier zu tun gehabt habe, der hochwürdige Herr Pfarrer, der jeweilige Bürgermeister und viele andere.

Während ich Papier und Bleistift schon verstaue, zeigt Josef Donner mir noch eine alte Photographie. Selbst gesehen habe er sie zwar nicht, die letzte österreichische Kaiserin, als sie im nahe gelegenen Herrenhaus Gschöder manchmal einige Tage verbrachte. Aber zu tun gehabt habe er öfter mit hohen Herrschaften, woran er immer noch denke, zum Beispiel an die von ihm Ende der sechziger Jahre namens der Stadt Wien ausverhandelten millionenschweren Grundstückstransaktionen. Heute verwalte er ein Museum und sei glücklich. „Sic transit gloria mundi" – dieses lateinische Sprichwort gelte eben für alles und jeden, also auch für ihn, lächelt er. Aber vielleicht sind es gerade solche Welten, die am ehesten überlebten.

Kurze Zeit später fahre ich wieder an der Wildalpener Pfarrkirche vorbei, heimwärts. Nebelschwaden begleiten mich und Gedanken, die ich nicht loswerde. An einen launigen, noch zu Lebzeiten zur Legende gewordenen Pfarrer, an das Haus, das zum Museum wurde, und an jenen Mann, der selbst zu nächtlicher Stunde noch zu tun hat.

Im Frühling soll ich wiederkommen, sagt er mir zum Abschied. Wenn die Schatten endlich sonnigeren Stunden weichen, der Brunnen im Hof aus seinem Winterschlaf erwacht – und er dasein wird wie immer.

Chronik des Hauses und seiner Besitzer

1625 Hans Friedrich Mayer sowie Hans Paul Payer wird durch Kaiser Ferdinand II. das Privileg verliehen, am Tulleck bei Eisenerz einen Bergbau und am Seisenbach in Wildalpen einen Schmelzofen (Blahhaus) und ein Hammerwerk errichten zu dürfen

1633 Über Beschwerde der im Jahre 1625 gegründeten Innerberger Hauptgewerkschaft wird der Tullecker Bergbau erstmals eingestellt. Anschließend wechseln Inbetriebnahme und Einstellung mehrmals

1650 Die Innerberger Hauptgewerkschaft kauft den Besitz samt allen Privilegien

1652 Die Innerberger Hauptgewerkschaft sucht am nahe gelegenen „Arzberg“ selbst um die Bewilligung zum Abbau und Schmelzen von Eisenerzen an, gibt dieses jedoch bald wieder auf. Insgesamt neun sogenannte „Verweser“ (Hammerverwalter – Gewerken) sind von dieser Zeit an für den Betrieb der „Tulleckschen Werkgaden“ zuständig

1655 Das Gewerkenhaus (Verweshaus) wird samt zugehörigem „Stöckl“ und Nebengebäuden errichtet

1838 Alle fünf Hämmer in Wildalpen werden stillgelegt. Der letzte Verweser, Johann Leo Winterl, verläßt den Ort. Das Haus beherbergt in der Folge die Forstverwaltung der Österreichischen Bundesforste und wird gleichzeitig Wohnsitz des jeweiligen Forstamtsleiters, „Waldmeister“ genannt

1979 Die Stadt Wien erwirbt das Haus samt den dazugehörenden Nebengebäuden

1980 Auflassung der Forstverwaltung der Österreichischen Bundesforste

1984 Nach einem grundlegenden Umbau des Hauses wird in sechs Räumen des Erdgeschoßes ein Heimat- und Pfarrmuseum eingerichtet

1985 In den zehn Räumen des ersten Obergeschoßes wird ein Wasserleitungsmuseum eröffnet (Initiator und seit damals ehrenamtlicher Betreuer: Regierungsrat Professor Josef Donner, Wien)

„Kulturdenkmal“ gemäß der Haager Konvention vom 14. Mai 1954 (Schutz von Kulturgut bei bewaffneten Konflikten)

Literatur

DONNER, JOSEF: Dich zu erquicken, mein geliebtes Wien. Geschichte der Wiener Wasserversorgung von den Anfängen bis 1910, Klosterneuburg 1990; Aufsätze in: „Da schau her". Beiträge aus dem Kulturleben des Bezirkes Liezen, Heft 2 (1982), 2 (1986), 4 (1989), 3 (1995), 3 (2000) – EBERHART, HELMUT: Eröffnung des Heimat- und Pfarrmuseums Wildalpen. In: „Da schau her". Beiträge aus dem Kulturleben des Bezirkes Liezen, Heft 2 (1983) – GRABNER, ADOLF: Geschichte der Gemeinde Wildalpen, 2. Auflage, Wildalpen 1986 – GÜNTHER, SIGRID: Von Fuhrleuten, Säumern und Schwärzern. Ein Beitrag zur Transportgeschichte rund um den Steirischen Erzberg, Eisenerz 1991 – LIST, RUDOLF: Festschrift zur 900-Jahr-Feier des Stiftes Admont, Admont 1974 – PANTZ, ANTON VON: Die Gewerken im Bannkreis des steirischen Erzberges. In: Jahrbuch der k.k. heraldischen Gesellschaft Adler, NF 27 und 28, Wien 1917/18 – ROTH, PAUL W. (Hg.): Erz und Eisen in der Grünen Mark. Beiträge zum steirischen Eisenwesen, Graz 1984 – TOMASCHEK, JOHANN: Die Pfarr- und Wallfahrtskirche Wildalpen im Salzatal, Salzburg 1995; Brief vom 22. Jänner 2001. Betreff: Barbara-Kapelle im Verweshaus? – WICHNER, JAKOB: Geschichte des Benediktiner-Stiftes Admont vom Jahre 1466 bis auf die heutige Zeit, Admont 1880

Zu den Bildern

DAS HERRENHAUS PFEIFFER IN SPITZENBACH BEI ST. GALLEN

Fast hätte ich die schmale, unmittelbar am Fuße des von Weißenbach nach St. Gallen führenden ansteigenden Straßenstückes beginnende Einfahrt in den Spitzenbachgraben auch diesmal übersehen. Schon einmal fuhr ich daran vorbei, kehrte um und fand talwärts die betreffende Stelle noch weniger. Jetzt, einige Wochen später, wußte ich mehr, entdeckte auf einer Tafel sogar den ersehnten Hinweis auf das gesuchte Objekt und atmete auf. Nun sollte ich mich nur noch auf die glatte, im Winter kaum gestreute Fahrbahn konzentrieren, dann könne ich, so wurde mir gesagt, mein Ziel gar nicht verfehlen.

Einzelne Häuser, immer wieder dicht herandrängender Wald und über dem jenseitigen Ufer des Baches von den Felswänden hängendes Eis. Trotz der Kälte zwischen Steinen nach Futter Ausschau haltende Vögel, hinter einer Biegung ein Reh, das eben das Weite sucht – bis auf die Sonne, die sich noch immer nicht zeigen will, ein wunderschöner Tag.

Begonnen hatte er für mich eigentlich schon viel früher. Nicht am Morgen, als draußen noch die Nebel lagen und ich über Waidhofen und das Ennstal nach Süden fuhr, sondern als ich vor Monaten anfing, auf die Suche nach Herrenhäusern zu gehen, Wissenswertes für meine Geschichten zusammentrug und dabei auch auf diese Gegend stieß.

Hier, wo bis Reichraming hinaus einst die Hammerwerke unter Feuer standen, die das in Eisenerz gewonnene Roheisen abermals mit Holzkohle einschmolzen, wodurch weiterverarbeitbares Material entstand. Wo mit der Einführung modernerer Methoden aber auch wie kaum anderswo der Verfall einsetzte, sodaß es später nur noch zwei davon gab. Und heute?

Gerade erst war ich durch Altenmarkt gefahren, hatte wie immer einen Blick hinüber zur Kesselau und auf den letzten Rest einer solchen Anlage geworfen. Würde ich anstelle von Häusern Hammerwerke suchen, ich wäre im ehemals so betriebsamen Innerberger Bezirk leer ausgegangen.

Eine besonders unübersichtliche Stelle zwingt meine Gedanken auf die Straße zurück. War ich bisher durch nordseitiges Gelände gefahren, blitzt nun erstmals die Sonne durch die Wolken. Und, als ob mir der Tag noch schöner werden wollte, taucht sie allmählich auch das diesseitige Ufer in strahlendes Licht.

Das Tal ist breiter geworden, gibt jenseits des Baches plötzlich mehr Raum und lenkt meine Aufmerksamkeit nach vorne auf ein Haus, das ich von einem

Bild aus alten Tagen kenne: mit Gärtlein, Bewuchs und Spalierbäumen an den Wänden sowie einer Kapelle. Heute fehlen diese Dinge. Dafür ist die Zufahrt breiter, und statt des wilden Weines oder der Mauerbirnen hängt jetzt, um Dreikönig, noch die Weihnachtsbeleuchtung vor den Fenstern. Dennoch, die Wirklichkeit ist fast ebenso schön wie die Erinnerung. Ich genieße förmlich den Blick auf dieses Haus, setze über die zu ihm führende Brücke und bin nach wenigen Metern am Ziel.

Ganz anders, als ich es eigentlich erwartet hatte, holt mich hier die Welt der Sensenschmiede wieder ein. Zurückgezogen, inmitten der die Rohware herstellenden Hammergewerken leben sie im hintersten Winkel, haben sich mit ihresgleichen in der spätestens seit dem 16. Jahrhundert bestehenden Rottenmanner Zunft organisiert und schlagen als Nachweis der Herkunft ihrer Ware neben dem eigenen Zeichen das „R".

Einer dieser früher viele Zerwürfnisse auslösenden Zeichenstreite ist es auch, der mir jetzt einfällt, welcher auf das Haus Bezug nimmt und der auf eine ganz spezielle Weise Einblick in diese Zeit gibt.

Da nämlich draußen an der Kleinen Erlauf der Meister des Spörkenhammers in Gresten sich, als er diesen zur Waidhofener Sensen-Compagnie gehörenden Betrieb übernimmt und unter mehreren, damals unbenützt in der Handwerkslade liegenden Zeichen wählen kann, für „Ein Herz" entscheidet, kommt er mit dem hiesigen Besitzer in Konflikt. Dieser, seit 1717 durch einen Ankauf aus Micheldorf Eigentümer desselben Zeichens, führt bei der Obrigkeit Beschwerde, läßt aber, da diese nur wenig Erfolg hat und die Beklagten lediglich dazu verhalten werden, auch den „Mohrenkopf" zu schlagen, schließlich die Sache ruhen. Als letzteres noch dazu, nicht wie in solchen Fällen üblich neben dem Hauptzeichen auf der Hamme, sondern klein und versteckt auf dem Kragen der Sense geschieht, geht er lieber auf Nummer Sicher, legt sich selbst die Marke „Zwei Herzen" zu und glaubt die Angelegenheit damit aus der Welt geschafft zu haben.

Drei Jahre später klagt der Spitzenbacher die Waidhofener abermals, da sie nun auch das „Doppelte Herz" verwenden. Er erhält recht, und zu Gresten werden 4.000 Sensen und 400 Strohmesser beschlagnahmt. Doch damit nicht genug: Als man sich dort trotzdem nicht einsichtig zeigt, überlegt man Neues, schlägt die Herzen plötzlich übereinander und bringt so den Richter zur Verzweiflung. „Drei Herzen" untereinander in Zukunft anbringen zu müssen, gefällt dem St. Gallener schon gar nicht. Er resigniert, greift wieder auf sein erstes Zeichen zurück und bleibt dabei.

Ho 7.
1 7 F H 6 2

Solcherart einmal einem ganz anderen „Krieg der Herzen“ zu begegnen, mag aus heutiger Sicht vielleicht sogar vergnüglich sein. Damals jedoch ging es um die Existenz. Auch daß ein Zeichen vom Besitz trennbar und verkäuflich war, daß es im Falle des Todes eines Meisters dem ältesten Sohn zufiel, während der Jüngste den Hammer bekam, sorgte für Probleme.

Wirklich zu denken gibt allerdings ein von der Rottenmanner Sensenschmiedezunft im Jahre 1816 beim k.k. Berggericht eingebrachtes Gesuch, den Innungsbuchstaben „R“ in „RM“ umändern zu dürfen. Begründung: Es sei nach ihren Ausforschungen festzustellen, daß im Ausland nur diejenige Sensenware geschätzt werde, die ein doppeltes Zeichen besitze. Doch das Gesuch wird zumindest teilweise abgewiesen. Wenn sie schon glaube, daß der Verkaufserfolg von der Zahl der Buchstaben abhänge, heißt es in der Antwort, könne sie wohl einen zweiten schlagen. Das „M“ jedoch nicht, das gehöre den Micheldorfern – und damit Punktum.

Fast hätte ich mich in diesen Dingen verloren, aber offenbar hat man mein Kommen bemerkt. Zu dem gleich nach meinem Eintreffen aus dem Haus dringenden Gebell eines Hundes gesellen sich dessen Versuche, durch wiederholtes Hinaufspringen die Tür vielleicht doch selbst zu öffnen. Ich vernehme eine Stimme, und als mich diese nach meinen Wünschen fragt, ist es wie immer: Ich mache Bilder, beschreibe Häuser, habe eben dieses hier gefunden und würde mich glücklich schätzen, willkommen zu sein.

Das letzte Mal, daß ein Fremder hereinwollte, war vor etlichen Jahren, meint der mich von oben bis unten musternde grauhaarige, auf einen Stock gestützte Mann. Der habe aber weder photographiert noch sich für bauliche Dinge interessiert, vielmehr sei er geradewegs auf den Dachboden hinauf und Fledermäusen hinterhergewesen. Mit großem Erfolg. Anschließend trug er deren Zahl gewissenhaft in eine Liste ein und verabschiedete sich wieder. Ob ich auch so einer sei? Wenn ja, sei es jetzt freilich die falsche Jahreszeit, da säßen diese anderswo in ihren Höhlen. Hier flatterten sie erst wieder im Sommer ein und aus.

Als ich ihm meine Absichten abermals erkläre, schickt er den Hund auf seinen Platz, läßt mich eintreten und deutet die Stiege hinauf. Er könne mir lediglich eine Stukkaturarbeit im oberen Vorhaus zeigen, sonst gebe es nach oftmaligen Umbauten nichts mehr im Haus, das mir von Interesse sein könnte. So schön dieses, vor allem seit der letzten Restaurierung, außen auch sei, so wenig erinnere in seinem Inneren an frühere Zeiten. Aber zum Reden sei es in der Küche gemütlicher. Seine Frau würde uns nicht stören, und die wenigen ihm seit seiner Rente noch verbliebenen Aufgaben im Haushalt könne er auch später erledigen.

Nachdem ich die tatsächlich wunderschöne Stuckdecke näher betrachtet habe, sitze ich ihm alsbald mit erwartungsvoller Miene gegenüber. Wer er sei, wie lange er hier schon wohne, ob ihm das Haus gar selbst gehöre? – alles Fragen, die mir am Herzen liegen.

Gott bewahre, ist das einzige, was er zumindest auf das letztere hin antwortet. Einen Gedanken wie diesen könne wohl nur einer haben, der wirklich nicht aus dieser Gegend sei, der ihn und die Verhältnisse, unter denen er habe aufwachsen müssen, nicht kenne. Wohl aber sei er hier geboren und könne mir vielleicht gerade deshalb einiges erzählen. Nicht über Ereignisse davor, da gebe es sicher anderswo Unterlagen. Vielmehr aus seiner Zeit, der Kindheit, die er hier verbracht, der Jugend, und jetzt aus besseren Tagen. Schon der Großvater habe da gelebt, dann bis zu ihrem Tod seine Eltern, zusammen mit noch fünf weiteren Familien im Haus. In zwei Räumen, derselben Küche wie heute und drinnen im Schlafzimmer, da seien acht Kinder, keines viel mehr als ein Jahr älter als das vorhergehende, nicht so einfach aufzuziehen gewesen.

Wie sie allein die Betten untergebracht hätten? Nur, weil sie zu zweit darin schliefen. Köpfe und Füße nebeneinander mußten sich eben vertragen, lacht er. Und das sonstige Mobiliar? Da waren zwei Laden genug. Wuchs er etwa aus den Hosen seines Vorgängers und gab es gerade nichts Derartiges in einer nächsten Größe, lief er für Monate in Kleidern seiner Schwestern herum. Diese wieder trugen das geflickte Zeug ihrer Brüder, so sich nichts Passendes für sie fand. Und stand man morgens auf, lag meist sowieso alles griffbereit neben der Bettstatt, da brauchte es keine Kästen.

Während mir der heute in den Siebzigern stehende Mann dies in schlichten Worten schildert, setzt sich seine Frau zu uns. Sie, die in ganz jungen Jahren mit ihrer Mutter in den Spitzenbachgraben gezogen ist, gibt ihm recht, ergänzt von sich aus noch das eine oder andere und bringt dann das Gespräch in eine neue Richtung. Ob er mir auch erzählt habe, wie glücklich sie als Kinder trotz allem gewesen seien?

Da kommen plötzlich die Schlittenfahrten auf dem vom Schleifholz in eine herrliche Bahn verwandelten Weg von der Klamm heraus ins Spiel. Später die Versuche, auf untauglichen Schiern im Tiefschnee Schwünge zu ziehen. Das Kugerlscheiben im Sommer, das Verstecken und Suchen, das Nachlaufen, das Hutschen. Insgesamt siebenundzwanzig Kinder seien damals gleichzeitig von hier und aus der Nachbarschaft nach St. Gallen in die Volksschule gegangen, da habe sich auch auf dem Hin- und Rückweg manches getan.

Dann, als ob es tiefer in ihm stecke, als das Schöne, Unbeschwerte, kommt Wolfgang Kohlhofer mit einem Male wieder auf anderes zu sprechen. Polenta ohne Fett, Milch von ihren zwei Geißen und vielleicht ein paar Äpfel seien die Woche über und meist auch am Sonntag auf dem Tisch gestanden. Fleisch höchstens an Weihnachten und Ostern, wenn es einem ihrer Hühner oder Hasen an den Kragen ging. Der Vater ausgesteuert und sowieso nicht viel daheim – die dreißiger Jahre seien für alle nicht leicht gewesen. Wie ein Engel sei da die Mutter über allem gestanden, ob sie für die nötigste Kleidung und das Essen sorgte oder im Krankheitsfall am Lager ihrer kleinen Patienten saß, diesen gegen das Fieber auf einem Zwirn aufgefädelte kleine Krenscheiben um Hals und Hände band, an den Füßen Essigumschläge oder Wickel machte. Gab es die gefürchtete Diphtherie, kam ein Mann mit einem eigenartigen handgezogenen, mit Holzrädern und einem sargartigen Aufbau versehenen Gefährt ins Haus. Das weinende Kind wurde hineingelegt, und ab ging es in Richtung Weißenbach, von dort mit der Bahn ins Krankenhaus nach Waidhofen oder Rottenmann – er selbst sei auch so transportiert worden und habe es bis heute nicht vergessen.

An eigene Schuhe erinnert er sich erst, als er schon aus der Schule war. Meist liefen sie ja barfuß. Nur wenn der Reif den kleinen Füßen gar zu arg zusetzte, war es wie mit den Kleidern: Man steckte sie in abgetragenes Flickwerk von Geschwistern, hoffte, daß es möglichst lange durchhielt, und versorgte damit im Herbst die nächsten. Auch die Natur meinte es nicht immer gut. Wenn er zuvor noch von den Freuden des Winters gesprochen hat, so galt das für die Kinder. Doch die Erwachsenen hatten oft ganz schön mit ihm zu kämpfen. War etwa das Jahr über geschlägertes Holz zu bringen und versperrten Lawinen den Weg, mußte man handeln. Eine, oft zwei Wochen lang arbeiteten sich die Leute durch den Schnee. Hielt das Loch, fuhr man dann einige Tage, was das Zeug hielt; kam Tauwetter, stürzte das Ganze zusammen, und man begann von neuem. Ebenso waren Überschwemmungen eine Plage. So friedlich sich der Spitzenbach zu normalen Zeiten gab, so wild und ungestüm schoß er daher, wollte es einmal gar nicht aufhören zu regnen. Oder der Föhn stürmte im Frühling über das Maiereck, ließ alles auf einmal zu Wasser werden und schickte es ins Tal.

Ein ganz anderer Wind bläst ihm, dem gerade erst Sechzehnjährigen, 1945 um die Ohren. Doch nach Kriegsende heil aus Ungarn heimgekehrt, gilt es nicht zurück, sondern nach vorne zu schauen. Er verdingt sich in der Landwirtschaft, im Gastgewerbe, arbeitet im Berg- sowie im Straßenbau, und als 1956 die Anstellung bei den Landesforsten fix ist, denkt er auch ans Heiraten. Jetzt, mehr als 40 Jahre später, bastelt er bereits für seine Enkelkinder und verwirklicht sich endlich seinen größten Wunsch ...

Gespannt warte ich darauf, was kommt. Er aber nimmt für einen Augenblick meine Hand, legt sie auf die glattpolierte Lehne seines Stuhls, läßt mich fühlen und streicht mit der seinen schließlich selbst darüber. Doch erst als er mir vor dem Weggehen unten in seiner Werkstätte noch die vielen kleinen Dinge aus Holz, das Wägelchen und ein halbfertiges Schaukelpferd zeigt, wage ich es, zu fragen. Ob er vielleicht gern etwas ganz anderes, Tischler oder Zimmermann, geworden wäre?

Am liebsten beides, meint er. Aber er sei trotzdem mit allem zufrieden, hoffe, sein Leben noch lange genießen zu können und manchmal Leute zu treffen, die ein wenig Abwechslung bringen. Auch wenn diese nur auf Fledermäuse aus seien. Oder auf Bilder und Geschichten wie ich.

Chronik des Hauses und seiner Besitzer

1592 Als erster Meister am „Unteren Sensenhammer zu Spitzenbach bei St. Gallen“ wird ein Wolf Eggel erwähnt, dem um die Mitte des 17. Jahrhunderts Simon Häusler (Heuserer) und dessen Ehefrau Sabine folgen

1667 Simon Häusler tritt aus dem Rottenmanner Handwerk aus und kauft sich in die Micheldorfer Zunft ein. Er stirbt 1686. Die Witwe führt den Betrieb fort und übergibt diesen

1697 ihrem jüngsten Sohn Hans Häusler, der sich 1717 von einem Micheldorfer Meister das Zeichen „Herz“ kauft. Als dessen Frau Eva 1733 und er selbst im Jahre

1738 stirbt, übernehmen deren Sohn Hans Leopold Häusler und dessen Ehefrau Maria Anna den Besitz

1742 Beginn des Zeichenstreites mit der Waidhofener Sensen-Compagnie, welcher bis 1760 andauert. Die Marke „Herz“ dürfte zu dieser Zeit sehr gefragt gewesen sein, denn 1747 begehrt ein Kaufmann in Krakau ausdrücklich vier Fässer von dieser,

„ansonsten er auch die Sensen mit anderen Zeichen nicht übernehme“ (siehe „Der Spörkenhof in Gresten“)

1754 Nach dem Tode ihres Mannes führt die Witwe den Betrieb weiter und übergibt

1760 an ihren Sohn Franz Leopold Häusler und dessen Ehefrau Elisabeth

1791 Kauf des wenige hundert Meter taleinwärts gelegenen „Vorderen Sensenhammers am Spitzenbach“

1797 Als F. L. Häusler stirbt, verkauft dessen Witwe (gest. 1815) zuerst

1798 diesen Hammer an die Waidhofener Sensen-Compagnie und

1800 den Stammbetrieb „samt Behausung, beschränkter Zerrennbefugnis und allem Werkzeug“ an Franz Josef Moser. Jener scheint vom Kauf zurückgetreten zu sein, sodaß ab

1813 den Hammer Cajetan Harl aus Rottenmann betreibt. Er baut diesen jedoch nach einem Brand nicht mehr auf und will 1830 alles verkaufen. Erst als er zwei Jahre später stirbt, kauft

1838 Josef Pfeiffer* den gesamten Betrieb und macht aus dem Sensenwerk einen Zerrennhammer, den er vermutlich verpachtet

1871 Die Witwe Josefine Pfeiffer veräußert sämtliche Realitäten an die Innerberger Hauptgewerkschaft

1872 Neuer Eigentümer werden die „Steirischen Landesforste“

1995 Abschluß der drei Jahre dauernden aufwendigen Innen- und Außenrenovierung des Gebäudes

* Bei der Erwähnung Josef Pfeiffers wird man an einen Klassiker der Montanliteratur erinnert. Er war es nämlich, der am 30. März 1843 bei der 5. Generalversammlung des „Vereines zur Beförderung und Unterstützung der Industrie und Gewerbe in Innerösterreich, dem Lande ob der Enns und Salzburg“ den Vorschlag machte, eine populäre, aber zugleich wissenschaftlich gehaltene Beschreibung der gebräuchlichen Frischmethoden, eine Anleitung zum Zerrennen des Roheisens zu Stahl und Eisen usw. in Auftrag zu geben. PETER TUNNER unterzog sich dieser Arbeit, deren Ergebnis die „Gemeinfaßliche Darstellung der Stabeisen- u. Stahlbereitung in Frischherden, oder: Der wohlunterrichtete Hammermeister“, Graz 1846, war.
Josef Pfeiffer beschäftigte sich aber auch selbst mit derlei Dingen, empfahl, auf seine Weise Energie (Holzkohle) zu sparen, und veröffentlichte dies sogar (siehe KÖSTLER, H. J.: Die ehemaligen Eisenwerke in Reichraming, Weyer, Kleinreifling und Laussa seit Mitte des 19. Jahrhunderts. In: „Oberösterreichische Heimatblätter“, 52. Jg./1998, Heft 1/2, Seite 29).

Literatur

FORSTER, HERWIG: Die schwarzen Grafen von St. Gallen, Großreifling 2000 – PANTZ, ANTON VON: Die Gewerken im Bannkreis des steirischen Erzberges. In: Jahrbuch der k.k. heraldischen Gesellschaft Adler, NF 27 und 28, Wien 1917/18 – SCHRÖCKENFUX, FRANZ: Geschichte der österreichischen Sensenwerke und ihrer Besitzer, Linz–Achern 1975

Zu den Bildern

Seite 186 Das Herrenhaus Pfeiffer im Spitzenbachgraben bei St. Gallen in der Steiermark. Bau des 18. Jahrhunderts mit abgesetztem Mansarddach

Seite 189 Aus dem Rokoko stammender schmiedeeiserner Fensterkorb an der Vorderfront des Hauses

Seite 190 In Stein gefaßte Eingangstür mit der Hausnummer, den Initialen „F.H“ (Franz Häusler), dem Zeichen „Herz“ und der Jahreszahl „1762“

Seite 191 Detail an stuckverzierter Decke im Obergeschoß

Seite 192 Blick aus der Ruine des zuletzt als Zerrennhammer geführten Betriebes auf das Herrenhaus

Seite 195 Nebengebäude im Anschluß an das Herrenhaus

DANKSAGUNG

Als ich mich vor zwei Jahren entschloß, nicht die hinlänglich bekannten, bereits dokumentierten Kulturgüter der Eisenwurzen aufzusuchen, sondern abseits der großen Wege den kleineren, scheinbar unbedeutenderen nachzuspüren, stieß ich auf die im Vorangegangenen beschriebenen Häuser. Manche sind heute zu Museen geworden, andere hingegen stehen noch wie früher inmitten von Betrieben, dienen als Wohnsitze von Familien oder finden sich in Gemeinden, die deren oft zentrale Lage auf kommunaler Basis nützen. Das Ergebnis liegt vor. Zu zeigen, was aus ihnen geworden ist, sie in ihrer heutigen Form darzustellen und darüber zu berichten, hat mir Freude gemacht.

Nun, am Ende meiner Reise, möchte ich danken. Allen, die mich ermutigt haben, diese überhaupt anzutreten. Insbesondere aber jenen, welche mir ihre Chroniken, privaten Aufzeichnungen und Tagebücher zur Verfügung stellten, bei denen ich Gast sein durfte. Ohne deren Hilfe es nicht möglich gewesen wäre, auch nur eines der von mir ins Auge gefaßten Objekte zu behandeln. Nicht zuletzt den wirklichen Fachleuten: dem niederösterreichischen Landeskonservator Hofrat Dr. Peter König, der mich bei der Beschreibung des Bildmaterials unterstützte, sowie dem steirischen Metallurgen Dipl.-Ing. Dr. Hans Jörg Köstler für seine Beratung in montanhistorischen Dingen.

Viele der ehemals benachbarten Hämmer sind verschwunden. Wenn dieses Buch auch nur ein wenig dazu beiträgt, daß dies nicht auch den „Herrenhäusern" widerfahre, hat es seinen Zweck erfüllt.